016# 직관의 폭발

일러두기

- 이 책은 국립국어원 표준국어대사전의 표기법을 따랐다.
- 국내 번역 출간된 도서는 한국어판 제목을 표기했으며, 미출간 도서는 원어를 병기했다.

Original Japanese title: CHOKKANNOU:
NOUKAGAKU GA TSUKITOMETA
HIRAMEKI HANDANNRYOKU NO KYOKAHOU

Copyright © 2024 Iwadate Yasuo

Original Japanese edition published by Asahi Shimbun Publications Inc.
Korean translation rights arranged with Asahi Shimbun Publications Inc.
through The English Agency (Japan) Ltd. and Danny Hong Agency

이 책의 한국어판 저작권은 대니홍 에이전시를 통한 저작권사와의 독점 계약으로 ㈜웅진씽크빅에 있습니다. 저작권법에 의해 한국 내에서 보호를 받는 저작물이므로 무단전재와 복제를 금합니다.

직관의 폭발

굳은 뇌에 스파크를 일으킬
AI 시대 뇌과학 수업

直観腦

이와다테 야스오 류두진
지음   옮김

웅진 지식하우스

추천의 말

세상이 내 마음대로 되지 않는 것처럼 우리의 몸도 마음처럼 움직이지 않을 때가 많다. 오랜 시간 집중해서 일을 하면 생산성이 높아질 것 같지만 실제로는 그 반대라고 이 책은 설명한다. 집중하지 않고 머리를 식히는 동안 우리 뇌에는 평생에 쌓인 기억들이 네트워크로 연결되며 폭발적인 창조력이 발생하기 때문이다. 어려운 문제를 해결하고 현명한 의사 결정을 내리기 위한 통찰력 역시 여기에서 비롯된다. 책상 앞에서 집중한다고 문제의 해결책이 보이지 않는다. 뇌를 넓고 유연하게 사용하여 당신의 능력을 한층 업그레이드시킬 수 있는 방법을 이 책에서 만나보자.

_ **드로우앤드류**(유튜브 크리에이터, 『프리 웨이』 저자)

사고법, 발상법에 대한 책은 무수히 많지만 최신 뇌과학을 근거로 뇌의 각 부위가 어떻게 작동하는지 쉽게 설명한다는 점이 특별하다.　　　　　　　　　　　　　　　　　　_ **아마존 독자 N**

이 책을 읽고 지금까지 잘못된 방법으로 뇌를 사용하고 있었다는 사실을 깨달았다.　　　　　　　　　　　_ **아마존 독자 世界の幸**

차례

추천의 말 5
시작하며 최고의 뇌 활용은 집중이 아니라 직관이다 8

1장 최적의 직관은 어떻게 만들어지는가
직관의 메커니즘

직관, 무의식의 기억이 연결되다 17 | 평생의 기억이 직관으로 발현되다 23 | '뇌의 사령탑' 전두전야가 하는 일 30 | 취향을 만드는 기억 네트워크 36 | 뇌를 광범위하게 사용해 결정한다 42 | 현명한 의사 결정이 이루어지는 원리 45 | 뇌의 성숙 이후 창조성이 나온다 49 | 직관을 방해하는 네 가지 요소 53

2장 '집중하지 않는 힘'은 왜 필요한가
뇌의 양대 시스템, 분산계와 집중계

집중력이 직관을 방해한다 63 | 집중계와 분산계의 관계 68 | 직관을 불러일으키는 분산계의 메커니즘 72 | 좌뇌형과 우뇌형의 차이는 존재할까 76 | 말로 설명할수록 정확도는 떨어진다 79 | '멍 때리는 시간'의 중요성 82 | 집중이 과하면 독성이 쌓인다 86

3장 직관력을 폭발시키는 방법
무의식의 기억을 넓게 연결하다

기억의 점과 점을 연결하기 95 | 기쁨은 뇌를 집중에서 해방시킨다 98 | 의욕으로 뇌 기능 끌어올리기 104 | 호기심이 네트워크를 연결한다 108 | 불안과 공포는 집중계를 활성화시킨다 111 | 오감을 자극해 직관을 키워라 114 | 사고로 네트워크를 갈고닦다 121 | 망각이 창조로 이어진다 124

4장 데이터와 수치만으로 최적의 결정이 불가능한 까닭
논리와 직관은 대립하지 않는다

논리적 사고에도 함정이 있다 131 | 비판적 사고, 전제부터 의심하라 135 | 논리적 사고는 직관의 수단 139 | 귀환한 전투기만 분석한 미군의 오류 141 | 업데이트될수록 데이터의 의미는 달라진다 145 | 영원히 수치화할 수 없는 것 149 | 직관과 논리는 대립하는 것이 아니다 154

5장 AI 시대, 어떻게 뇌를 최적화할 것인가
이세돌의 78수를 AI가 예측하지 못한 이유

인간의 뇌에 있지만 AI에는 없는 것 163 | 망각이 위대한 능력인 이유 168 | 생성형 AI도 창조성을 가질 수 있을까 173 | 상상력이 없는 AI의 한계 176 | 이세돌의 78수가 의미하는 것 181 | 결국 무엇을 하고 싶은가 185 | '생각'은 인간만의 특권 188

6장 오감 자극은 뇌를 확장한다
일상에서 직관력을 키우는 법

'좋은 기억'이 뇌를 활성화한다 195 | 직관에 나이의 벽은 없다 198 | "왜"라는 질문을 던지자 202 | 대화는 당신의 세계를 확장한다 206 | 산책으로 오감을 자극하라 209 | 지각 정보의 80퍼센트, 시각의 중요성 214 | 예술 작품이 불러일으키는 직관 217 | 좋은 향기는 무의식을 깨운다 221 | 운동하는 사람의 뇌는 다르다 225 | 창조적인 일은 아침에 하라 229 | 수면의 질에 집착하지 말자 233 | 초조함 없이 천천히 나아가기 237

마치며 AI에 대체되지 않을 직관력을 키워라 242

시작하며

최고의 뇌 활용은
집중이 아니라 직관이다

인생은 결단의 연속이다.

어떤 집을 구입해야 할지, 어떤 학교로 진학해야 할지, 어떤 상대와 결혼해야 할지, 어떤 곳에 투자해야 할지, 결정해야 할 일이 산더미처럼 쌓여 있다. 인생의 전환점이라 할 만큼 크고 중대한 결단이 아니더라도, 매일 마주하는 일상 역시 그때그때 결정을 거듭해야만 앞으로 나아갈 수 있다. 때로는 어떤 결정을 내리든 결국 아무것도 변하지 않을 사소한 일에 대해 고민하느라 상당한 시간과 에너지를 쏟기도 한다.

무언가를 결정할 때, 뇌의 어느 부분이 어떻게 작동하는 걸까? 또 무엇을 토대로 결정을 내릴까?

일반적으로 우리는 '보상'과 '수고 및 위험성'을 저울질한 뒤, 보상을 최대화하고 수고와 위험성을 최소화할 수 있는 행동을 선택한다. 그리고 여기서 '보상'이란 반드시 물질적이거나 경제적인 것만을 의미하지 않는다.

인정 욕구를 만족시키거나 다른 사람들로부터 감사 인사를 듣는 것, 아니면 스스로의 호기심을 채우는 것 등, 보상의 종류는 다양하다. 최신 뇌과학에서는 이처럼 다양한 보상과 수고 및 위험성의 균형을 판가름하고자 할 때 활성화되는 뇌의 부위가 따로 존재한다는 사실이 밝혀졌다. 놀랍게도 우리는 이 과정에서 매우 넓은 범위의 뇌를 사용한다. 더하여, 뇌를 광범위하게 사용하여 의사 결정을 내릴수록 우리가 얻는 경제적인 보상도 최대화된다는 사실 또한 밝혀졌다.

결국 올바른 의사 결정을 내리기 위해서는 뇌를 광범위하게 사용해야 한다는 얘기다.

그렇다면 '뇌를 광범위하게 사용한다'는 것은 무슨 뜻일까? 그것이 바로 이 책의 커다란 주제다.

오늘날은 데이터가 중요한 시대다. 무언가 결정을 내릴 땐 해당 주제와 관련된 데이터를 철저하게 수집하고, 이를 토대로 논리적인 판단을 내려야 한다. 의사 결정에 관한 책이 수없이 많이 나와 있는데, 그 대부분은 '논리적 사고'의 방법론이라 해도 좋을 것이다. 지금은 빅 데이터로부터 새로운 사실이 잇달아 밝혀지고, 그에 따라 AI를 활용한 사회 인프라가 정비되는 시대다. 그로써 우리는 그 어느 때보다 데이터가 지닌 의미를 깊이 이해할 수 있게 되었다.

하지만 실제로는 결정을 내릴 때 활용할 만한 데이터가 부족한 경우도 종종 생긴다. 만약 데이터가 충분하다 하더라도 데이터에만 의지하여 결정을 내린다면 누구나 비슷한 결론에 도달할 테니 세상은 점차 균일해질 것이다. 데이터를 분석해 논리적으로 의사 결정을 한들 남들보다 우위에 서거나 불리해질 여지가 거의 없다는 뜻이다.

그렇다면 이러한 시대에 어떻게 해야 뛰어난 의사 결정을 할 수 있을까?

중요한 것은 개성이다. 다시 말해 뇌에 축적된 개인의 역사와 기억이다. 데이터와 눈앞에 있는 다른 정보들을 검증해 논리적으로 생각한 다음, 그 결론의 타당성을 자신의 기억과 대조하여 '직관直觀, intuition'을 토대로 판단해야 한다.

기억은 뇌의 구석구석에 저장되어 있으므로, 뇌의 특정 부위만 사용하기보다는 넓은 범위에 축적된 기억에 제대로 접근해야 한다. 대부분의 기억은 무의식에 내포되어 있기 때문에 접근하는 것이 쉽지는 않다. 그럼에도, 그 기억들이 직관으로 연결되는 순간 비로소 뛰어난 의사 결정과 창조성이 나타나는 것이다. 이는 뇌를 광범위하게 사용할 준비를 완전히 마쳐야 가능한 일이다.

뇌를 광범위하게 사용하는 행위의 정반대에 있는 것이 '집중'이다. 물론 집중력이 필요한 상황도 있지만, 이 책에서는 그 부작용에 대해 이야기해보려 한다. 집중이라는 행위의 가장 큰 단점은, 뇌의 전 영역에 걸쳐 광범위하게 축적된 기억으로 접근하는 것을 어렵게 만든다는 점이다.

직관은 논리적 사고와 대립되는 요소로 여겨지기 쉬운데, 그 두 가지가 결코 대립하는 것이 아니라는 점도 강조하고 싶다. 직관이란 뇌의 넓은 범위에 축적된 기억에서 비롯한 것으로, 논리적 사고를 포함할 뿐 아니라 그보다 훨씬 고차원적인 뇌의 작용이라 해도 과언이 아니다. 더하여 직관이야말로 AI가 부상하는 오늘의 시대에 인간에게 요구되는 뇌 사용법이기도 하다.

뇌 안에는 여러 가지 다양한 기능은 물론 본능과 감정, 논리적 사고, 그리고 개인 고유의 경험과 지식이 가득 담겨 있으며, 직관이란 이 모든 것을 종합적으로 결집하여 무의식중에 내리는 판단이다. 뇌를 광범위하게 사용하고 뇌 안에 축적된 모든 기억을 동원하여 그것들을 '어떻게 연결하는지'에 따라 우리의 결정은 달라진다.

이제부터 우리는 직관에 기반한 결정이 뇌의 어느 부위를 사용하여 어떻게 이루어지는지 확인하고, 뇌를 광범위하게 사용한다는 게 과연 어떤 의미인지 살펴볼 것이다. 결정을 내려야 할 순간 뛰어난 직관력을 발휘하기 위한 사고법이란 어떤 것일까? 한 개인이 축적해온 기억들이 그 전에는 없었던 방식으로 서로 연결된다면, 이는 세상에 대한 새로운 해석이자 미지의 창조인 셈이다.

그리고 또 한 가지 중요한 것, 직관력을 높이기 위해 평소 뇌를 어떻게 사용하면 좋을지도 알아보고자 한다. 뛰어난 직관력을 발휘하기 위해서는 직관을 만드는 소재, 즉 '뇌 구석구석 축적된 경험 기억'을 풍부하게 만들어가는 것이 중요하기 때문이다.

이제, 더욱 뛰어난 의사 결정을 위해 직관을 발휘하는 '뇌의 힘'에 대해 살펴보자.

1장

최적의 직관은 어떻게 만들어지는가

직관의 메커니즘

직관, 무의식의 기억이 연결되다

새로운 연구를 시작할 때, 혹은 제품을 개발하거나 새로운 사업에 착수할 때는 항상 리스크가 따르기 마련이다. 뛰어난 성과를 내거나 커다란 수익을 창출할 가능성도 있지만, 실패하면 투입한 자금은 사라지고 귀중한 시간도 허사가 되고 만다. 따라서 리더는 해당 연구나 사업을 '할' 것인지 '안 할' 것인지 신중하게 결정해야 한다.

당신이 리더라면, 아마도 새로운 연구 주제나 신사업에 관한 데이터를 수집하는 일에서부터 시작할 것이다. 애초에 그 연구나 사업을 수행하는 것이 현실적으로 가능한가? 이미 비슷한 일을 하고 있는 이들은 없는가? 있다면 상황이 어떨까? 그것이 사업이라면 수입과 지출 현황은 어떻게 될까? 다양한 데이터를 수집해 눈앞에 늘어놓을 것이다. 하지만 당연하게도 그 데이터들은 전부 과거의 것이고, 해당 연구나 사업을 수행할 경우 어떠한 미래가 펼쳐지게 될지는 아무도 알지 못한다. 물론 결정하는 사람도 말이다.

그렇다면 결정을 내릴 때 뇌에서는 어떤 일이 일어날까? 과거의 다양한 데이터를 살펴보고 고민하다 보면 '이건 잘 될 것 같다', '이건 흥미롭다' 혹은 '그건 안 된다' 같은 생각들이 자연스럽게 솟아나고, 그것이 최종적인 결정으로 이어질 것이다.

사실 그 순간 우리의 뇌에서는 '직관'이라는 것이 작동한다. 여기서 말하는 직관이란 개인의 경험에서 비롯한 지식, 혹은 그 지식이 불러일으키는 것으로, 으레 감각에 기대어 순식간에 판단을 내릴 때 사용하는 '직감直感, instinct'과는 다르다는 점에 주의해야 한다.

직관이라는 용어는 '논리'와 대립하는 용어로 받아들여

져 비논리적이며 비과학적이라는 꼬리표가 붙는 경우가 많고, 일반적으로 설득력이 떨어진다고 여겨지기 쉽다.

그런데 과연 그럴까? 정말 직관은 비논리적일까?

논리적이라는 것은 데이터나 근거를 제시해 이유를 설명할 수 있다는 뜻이다. 그러나 "이러한 조사 결과가 나와서", 혹은 "데이터에 따르면 이 값이 이렇게 변화하고 있어서" 등을 근거로 판단을 내릴 수 있는 일들만 있다면 결정을 할 때 어려울 게 무엇이겠는가? 생각해보라. 애초에 새로운 연구, 새로운 사업이라는 것은 과거의 데이터가 존재하지 않는다는 의미 아닌가.

대부분의 경우 뇌는 데이터를 읽고 곧바로 결정을 내리는 식으로 작동하지 않는다. 그보다는 언어화할 수 없는 오래된 기억들과 새롭게 얻은 정보(데이터)를 서로 연결해 무의식중에 사고하여 판단한다.

이 '무의식중의 사고'는 신경 과학의 커다란 주제이자 활발한 연구의 대상으로, 1983년 벤저민 리벳 Benjamin Libet 연구 팀이 유명한 연구 결과를 발표한 이래 많은 연구자들이 이를 확인해왔다.

캘리포니아 대학 샌프란시스코 캠퍼스의 생리학자 리벳은 인간이 '의식적으로' 어떤 동작을 하겠다는 결정을 내리기에 앞서 '무의식중에' 뇌의 활동 전위가 높아진다는 사실을 확인했다.

실험 내용은 다음과 같다. 피실험자는 "원할 때 팔을 구부려주세요"라는 요청을 받는데, 이때 눈앞에는 빙글빙글 회전하는 특수한 시계가 있어서 그가 어느 시점에 팔을 구부리겠다고 결정하는지 파악할 수 있다. 동시에 피실험자에게는 뇌파계가 장착되어, 뇌가 팔을 움직이기 위한 전기신호(준비 전위)를 내리는 시점이 기록된다. 이는 피실험자의 의사 결정, 운동, 뇌 활동이 어떤 순서로 나타나는지 측정하기 위한 실험이었다.

실험 결과, 시간이 경과함에 따라 먼저 피실험자의 준비 전위가 서서히 높아지고, 이어 '팔을 구부리자'라는 의사 결정이 생겨나며, 마지막으로 실제로 팔을 구부리는 근육의 수축이 시작되었다.

즉 의사 결정에 앞서 뇌가 먼저 신호를 보내기 시작하고, 그러한 활동이 서서히 높아져 특정 수준에 도달했을 때 우리가 '의사 결정'이라 부르는 의식이 생겨나며, 그 직후 실제로 근육의 수축이 나타난다는 것이다.

우리는 의식하에 몸을 움직이겠다는 결정을 내린다고 생각하지만, 실제로 그에 앞서 일어나는 뇌의 활동은 의식하지 못하는 것이다. 무의식 세계에서 먼저 신경 활동이 일어나며, 그 활동이 역치閾値를 넘는 순간 비로소 의식화되어 '자유의지'에 의한 결단이 된다.

이 실험 결과로 인간에게 자유의지가 없는 것 아니냐는 의견도 제기되었다. 하지만 우리의 의식은 뇌가 수행하는 인지 프로세스 자체를 온전히 파악할 수 없고, 단순히 그 결과를 통해 '의식했다'고 느낄 뿐이다. 뇌는 무의식중에 많은 기능을 하고 있으며, 그 무의식중의 활동 또한 자유의지에 포함된다.

한마디로 인간의 뇌는 무의식중에 대부분의 활동과 사고를 하는 셈이다.

뒤에서 자세히 설명하겠지만, 기억에는 '언어로 축적한' 기억과 '언어화하기 어려운' 기억이 있다. 학교 시험이나 자격증 공부 등에서 활약하는 것이 전자이며, "뭔가를 깜

빡했다"라고 할 때도 대부분은 이 기억을 뜻한다. 일반적으로 논리적이라 불리는 결정은 바로 이 '언어로 표현된 기억'을 토대로 이루어진다고 할 수 있다.

반면 세상에서 벌어지는 여러 다양한 사건의 의미를 이해해 뇌 안에 축적하는 것은 '언어화하여 표현하기 어려운' 기억이다. 이러한 기억은 그 양으로 따졌을 때 압도적인 부분을 차지한다. 또한 이 기억의 대부분은 무의식중에 축적되고, 해를 거듭할수록 늘어나며, 소실되는 부분이 적다는 사실이 밝혀졌다. 이를 이른바 '연륜' 혹은 '경험치'라 부른다.

<u>무의식중에 축적된 기억과 경험치 속에서 무의식적 사고를 통해 생겨나는 것이 바로 직관이다.</u>

직관이라는 것이 별다른 근거도 없이 적당히 이루어지는 것이라 생각한다면 오해다. 오히려 직관이야말로 뇌 안의 방대한 기억에 근거한 가장 논리적인 의사 결정이라 해도 좋을 것이다. 그리고 뇌의 일부가 아닌 전체를 사용하여 모든 경험치를 활용하는 훈련은 결국 뛰어난 직관으로 이어진다.

직관은 무의식중에 생겨나기 때문에 우리가 그 과정을 의식적으로 제어하기란 어렵다. 하지만 뇌를 광범위하게 사용할 준비를 갖춤으로써 보다 뛰어난 직관을 얻을 가능성을 높일 수는 있다.

뛰어난 직관을 얻기 위해서는 어떤 노력이 필요할까? 그 습관과 요령에 관해서는 뒤에서 자세히 다루겠다.

평생의 기억이 직관으로 발현되다

직관이 발동하려면 무의식중의 기억이 중요하다고 설명했다. 그런데 '무의식중의 기억'이란 대체 무엇일까?

장기 기억 long-term memory에는 네 가지가 있으며, 이는 크게 두 종류로 나뉜다. 서술 기억 decalative memory은 언어로 표현할 수 있는 기억, 비서술 기억 non-decalative memory은 언어화하기 어려운 기억이다.

비서술 기억은 다시 절차 기억 procedural memory과 정동 기억 affect memory으로 나뉘는데, 이 기억들이 발동할 때 우리는 이

장기 기억의 분류

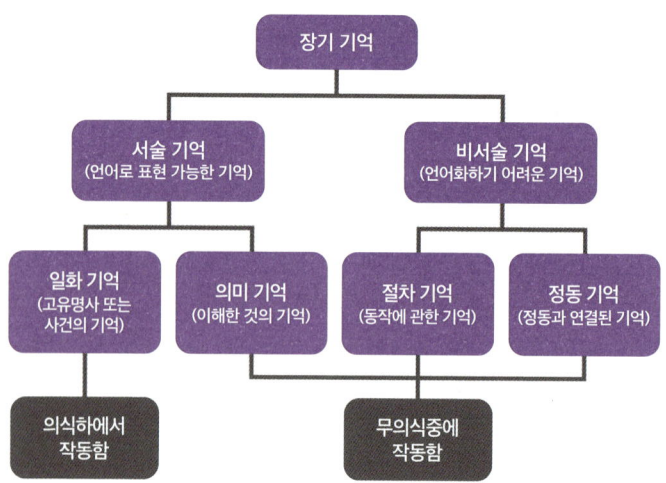

를 의식하지 않는다.

절차 기억의 예로는 걸을 때 몸을 쓰는 방식, 발화할 때 입과 혀를 쓰는 방식 등 운동의 교치성^{巧緻性}을 포함한, 몸을 쓰는 방식에 관한 기억이다. 이 기억은 대뇌 기저핵$^{basal\ ganglia}$이라는, 뇌 깊숙한 곳의 신경세포가 모인 부위와 소뇌에 저장되며, 의식되는 경우는 없으나 무의식중에 늘 작동하고 있다.

반면에 정동 기억(정동^{情動}은 정서가 밖으로 표출되면서 관찰되는 순간적, 신체적 반응임을 강조하는 개념으로, 정서^{emontion}나 감정^{feeling}과 구분함 – 옮긴이)은 특정 사건이나 사람, 사물, 소리, 냄새 등을 공포나 기쁨 등의 감정과 연결하는 기억으로, 이 역시 무의식중에 발동해 개인의 취향과 성격, 사고방식 등에 강한 영향을 주게 된다. 무언가를 결정할 때 우선순위로 작용하는 취향에는 무의식중의 정동 기억이 영향을 미친다.

이 정동 기억은 예로부터 편도체^{amygdala}에 존재한다고 알려져왔는데, 편도체가 기억 획득에 필요한 해마^{hippocampus}에 인접해 있다는 점은 인간이 정동과 관련된 정보들을 잘 기억하는 이유를 설명한다. 그런데 최근의 뇌과학 연구에 따르면, 편도체의 중요성이 크지 않다는 것은 아니지만 정동 기억의 형성에는 보다 광범위한 뇌 영역이 관여하고 있다는 사실이 밝혀졌다. 즉, 정동 기억도 다음에 소개할 일화 기억이나 의미 기억과 연결되어 뇌 전체에 저장된다는 것이다.

서술 기억은 일화 기억episodic memory과 의미 기억semantic memory으로 나뉜다. 일화 기억은 사람의 이름이나 일정, 과거의 사건처럼 때와 장소가 특정된 기억이다. 의미 기억은 '1년은 365일이다', '겨울 다음에는 봄이 온다'와 같이 이해한 내용에 관한 기억을 말하는데, 이때 기억을 얻은 시간과 장소의 정보는 동반하지 않는다. 이 두 종류의 기억은 모두 측두엽을 중심으로 하는 대뇌피질cerebral cortex 전체에 보관되어 있다.

그중 의미 기억은 직관을 끌어내는 중요한 요소다. 의미 기억은 '사안의 의미를 이해한 기억'으로, 형태를 이루지 않는 '개념'에 가깝다. 으레 언어화할 수 있는 기억으로 분류되긴 하지만, 사실상 언어로 쉽게 표현할 수 있는 것이

뇌 내부 구조의 투시도

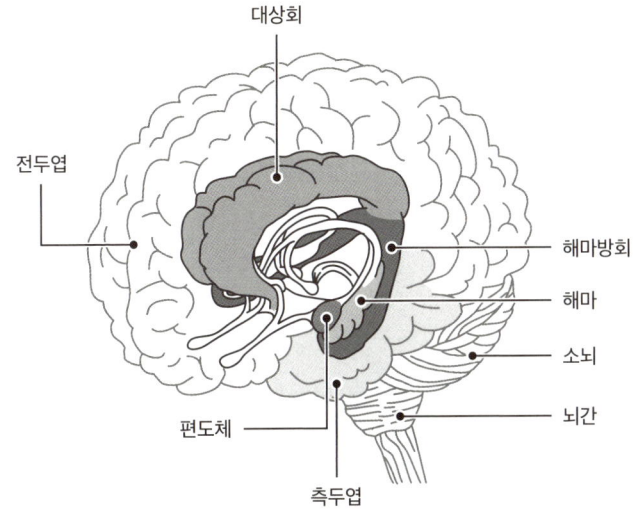

그리 많지 않다. 서술 기억에 포함되는 일화 기억이 '언어에 의한 기억'인 반면, 의미 기억은 어디까지나 '이해한 것의 기억'이기 때문이다.

언어에 의한 기억, 특히 고유명사 등은 맥락성이 부족한 개별적인 기억이므로 잊기 쉬운 반면, 이해한 것의 기억은 다른 기억과 연결되어 네트워크를 형성하기 때문에 쉽게 잊히지 않는다. <u>직관을 만들어내는 무의식의 방대한 기억 네트워크란 바로 이 의미 기억을 뜻한다.</u> 의미 기억의 일부를 언어화하여 표현하는 것도 가능하지만, 그 실체는 무의식에 자리하며 무의식중에 작동한다.

자동차 운전에 익숙해지는 것을 예로 들어보자. 경험이 축적되면서, 우리는 완전히 똑같은 상황이 재현되지는 않을지언정 비슷한 상황에서 '어떤 식으로 대처하면 어떻게 될지'를 이해하고 기억하며, 따라서 더 안전하고 정확하게 운전할 수 있게 된다. 이런 식으로 운전 기술이 발달하는 것을 언어로 설명하기란 어렵다. 이는 핸들을 돌린다든지 브레이크를 밟는 것과 같은 동작의 기억이 아니라, 상황을 이해하고 그에 따른 최적의 대처를 뇌 안에서 구축하기 위한 경험의 기억이다.

다른 경우를 꼽자면 '분수의 계산'이 좋은 사례가 될 것이다. '통분'이라는 개념은 그 원리를 한번 이해하면 잊어버리기 힘들다. 더하여 이는 '소수' 같은 유사한 개념과 연결되면서 뇌 안에서 네트워크를 확장하고, 그에 따라 개인이 가지는 수의 개념은 비약적으로 풍부해진다.

앞서 언급한 자동차 운전이 그렇듯 이러한 종류의 기억 또한 그 의미를 이해하고 있는지가 가장 중요하며, 이를 이해하지 못한 사람에게 언어로 전달하기란 쉽지 않다.

즉 <u>의미 기억에서는 언어화할 수 있는지의 여부보다 그것을 경험적으로 이해하고 있는 것이 중요하다.</u> 나이를 먹으면 먹을수록 이러한 지식은 점점 더 많아져, 우리가 의식하지 못하는 사이 우리의 행동을 유도한다.

이것을 '지식' 혹은 '지혜'라 불러도 좋을 것이다. 한 사람의 인생관이나 세계관도 그 상당 부분이 의미 기억에 의해 형성되며, 직관 또한 의미 기억의 네트워크에 따라 만들어진다.

의미 기억은 무의식에 저장되어 있기에 의지에 따라 자

유자재로 꺼내기 어렵다. 그보다는 매 상황에 맞게, 그때그때의 기분이나 컨디션, 뇌의 작동 방식이 함께 어우러져 의미 기억 간에 새로운 연결이 생겨나면서 직관이라는 형태로 '발생하는' 것에 가깝다. 이렇듯 의미 기억이 연결되는 방식을 의식적으로 유도하는 방법을 찾는 것이 바로 이 책의 목적이다.

'뇌의 사령탑' 전두전야가 하는 일

앞서 우리는 시험에서 정답을 적을 때 필요한 '언어화할 수 있는 일화 기억'뿐 아니라 '무의식에 잠재하며 언어화하기 어려운 의미 기억'이 직관의 토대로 중요하게 작용한다는 점을 살펴보았다.

의미 기억을 넓게 연결함으로써, 즉 더 많은 경험을 동원함으로써 보다 양질의 의사 결정을 이끌어낼 수 있게 된다. 양질의 의사 결정이란 보상과 수고 및 위험성을 비교해 보상을 최대화하고 수고와 위험성은 최소화하기 위한 행동

전두전야의 위치

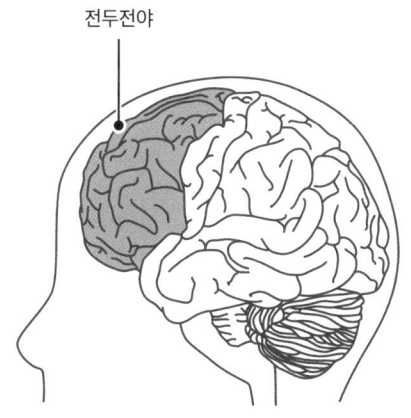

대뇌의 맨 앞부분에 위치한 전두전야는
인간만이 할 수 있는 고등 사고를 관장하는 중요한 부분이다.

선택이다.

나만 보상, 수고, 위험성 모두 언어회되거나 수치화되는 것이 아니라 뇌의 넓은 범위에 걸쳐 경험이라는 형태로 저장되어 있으므로, 뛰어난 의사 결정에는 뇌 전체를 연결하는 회로와 네트워크가 필요하다.

이때 중요한 기능을 하는 것이 전두전야prefrontal cortex라 불리는 부위다.

전두전야란 전두엽 앞쪽에 있는 부분을 가리킨다. 인간의 뇌에만 특별하게 발달되어 있는 부분으로, 정보처리와 판단 등의 고등 사고를 관장한다. 과거에 축적한 많은 경험을 적확하게 비교하고 검토하여 '최대의 보상, 최소의 위험성'을 고려한 의사 결정 내린다는 점에서 뇌의 사령탑이라고 불리기도 한다.

뇌에 광범위하게 축적된 의미 기억을 연결할 때는 각 영역을 연결하는 신경섬유가 필요하다. 이에 전두전야가 기다란 신경섬유를 내보내고, 그로써 우리의 뇌는 축적된 의미 기억을 참고하면서 장차 얻게 될 보상과 그 행동에 동반하는 수고 및 위험성을 저울질하는 것이다.

전두전야는 대부분의 뇌 부위와 연결된 '허브 공항'과 같은 존재라 해도 과언이 아니다. 그 복잡한 신경섬유 간의 연결 때문에 뇌 안에서도 가장 늦게 성숙하는 부위이자, 반대로 가장 일찍 노화가 시작되는 부위로도 알려져 있다.

그러면 전두전야를 중심으로 뇌의 기능을 간략히 살펴

보자.

먼저 전두전야는 기억의 중추인 해마와 강하게 연결되어 기억을 관리한다. 최근의 기억은 주로 해마에 저장되지만 장기 기억, 즉 시간적으로 떨어진 과거의 기억에 관한 내용content은 대뇌피질 전체에 저장되며, 전두전야 내측부가 이를 관리한다.

한마디로 <u>전두전야는 이미 존재하는 기억 간의 관련성을 판가름하여 그 자리에 현재의 정보를 반영함으로써 기억 간의 연관성context에 관여하는 중추인 셈이다.</u>

이는 다음 장에서 자세히 설명할 '분산계'라는 시스템의 핵심을 이루는 대상회cingulate gyrus의 기다란 신경섬유가 전두전야와 그 밖의 광범한 대뇌피질을 연결하고 있기에 가능한 일이다. 전두전야는 이 분산계를 통해 방대한 의미 기억의 편집과 관리, 즉 어느 기억과 어느 기억이 연결되는지 무의식중에 검색하는 역할을 담당한다.

또한 전두전야는 해마 근처에서 정동의 중추를 이루는 편도체와도 연결되어 정동을 제어한다. 기본적으로 공포나 분노 같은 부정적인 정동을 억누르는 방향으로 작동하는

전두전야의 연결망과 기능

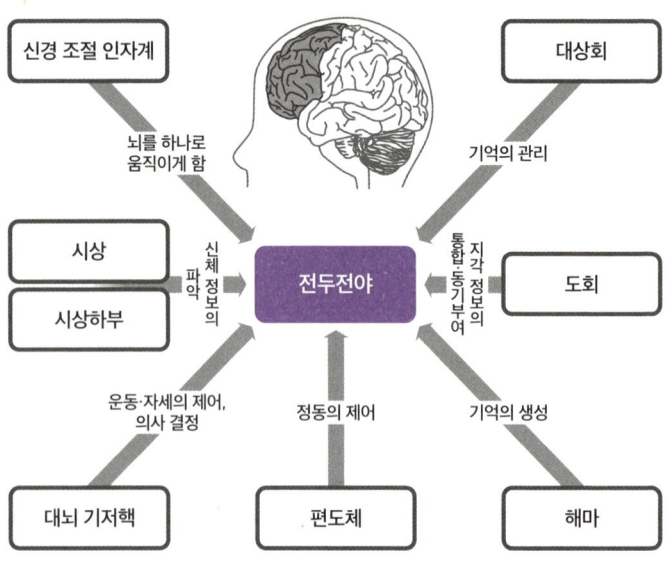

데, 이로 인해 인간은 사회의 구성원으로서 자기 억제적인 행동을 취할 수 있다.

전두전야는 시각, 청각 등 신체의 모든 지각 정보가 모이는 신경섬유 간의 연결인 시상thalamus은 물론, 내장을 움직이는 중추인 시상하부hypothalamus와도 연결되어 있기에 항상 신체 정보를 파악하고 있다.

이렇게 파악한 신체 정보는 몸을 움직이는 행위와 연동된다. 시상에 인접한 대뇌 기저핵은 몸의 움직임을 제어하며, 동시에 전두전야를 포함한 대뇌피질과 넓게 연결됨으로써 인지 기능이나 지각 정보에 기반하여 목표를 정하고 행동을 일으키는 데 중요한 역할을 하게 된다.

한편 지각 정보 가운데 특히 중요하다고 여겨지는 것들은 도회insular gyrus라 불리는 부위에서 통합된다. 지각의 종류와 관계없이 평가되며 다음 행동에 활용된다. 동시에 도회는 미각 정보를 통합하는 중추로도 알려져 있다. 말하자면 전두전야는 온갖 지각 자극에 관해 고차원적 처리가 이루어진 이후 정보가 모이는 곳이라 할 수 있다.

마지막으로 전두전야는 노르아드레날린noradrenaline, 도파민dopamine, 세로토닌serotonin과 같은 신경 조절 인자를 만들어 내는 부위(뇌간이나 전두엽 저면의 신경핵)와도 밀접하게 연관되어 있다. 이 인자들은 각성도를 올리거나 의욕을 높이는 등 뇌 전체에 영향을 미쳐 기분 변화를 이끌어야 하는 상황에서 작동하는데, 이 역시 전두전야가 뇌의 넓은 범위와 신경섬유로 연결되어 있기에 가능한 일이다.

이와 같이 전두전야는 놀라우리만치 다채롭고 풍부한 네트워크를 지닌다. 그 네트워크를 통해 전두전야는 복잡한 인지 기능에 기반하여 행동 계획을 세우고, 미래를 예측하며, 나아가 충동을 억제함으로써 인격이라 불리는 것에 큰 영향을 주는 등 인간의 고차원적인 활동을 뒷받침한다.

취향을 만드는 기억 네트워크

어떤 사안에 대해 결정을 내릴 때 직관과 함께 중요한 요소로 작용하는 것이 '취향'이다. 취향이란 다양한 측면에서 개인의 기호를 드러낼 뿐 아니라 무언가를 판단할 때 결정적인 영향을 미친다.

개인의 판단을 좌우하는 취향은 무엇을 토대로, 어떻게 생겨날까?

식사 메뉴를 결정할 때를 생각해보자. 우리는 각자의 취향에 따라 후보를 추리고, 그날의 컨디션이나 날씨, 최근 며칠 동안 먹었던 것을 고려하여 "오늘은 이걸 먹자"하고 결정한다. 패션에 관한 취향도 사람마다 전혀 다른데, 이는 좀처럼 변하지 않아서 저마다 매번 비슷한 스타일의 의상을 구입하기 쉽다.

연애 상대를 선택할 때도 마찬가지다. 어떤 외모와 어떤 성격의 상대에게 끌리는지, 왜 자신이 그 사람을 좋아하게 되었는지를 명확하게 답할 수 있는 사람은 많지 않을 것이다. 물론 차후에 이유를 찾을 수는 있다. 상냥한 성격이었다든지, 웃는 모습이 예뻤다든지, 운동이나 음악에 몰두하는 모습에 반했다든지, 돈이 많았다든지. 그러나 사실 그 사람으로 선택한 결정적인 이유는, 직관이 그렇듯 무의식의 기억에 존재한다. 상대와 함께 있을 때, 상대의 얼굴을 보고 있을 때 자신의 기억 속에서 이어진 '쾌快(즐거움)'의 정동이 결정한 것이다.

이것이 앞서 간단히 언급한 '정동 기억'의 작용이다. 정동 기억은 일상적으로 마주치는 사건이 어떤 정서와 연결되는지를 결정한다.

왜 그 취향을 갖게 되었는지 당사자가 정확하게 설명하기란 어렵다. 설명한다는 것은 언어로 표현한다는 것인데, 대부분의 기억은 무의식에 있어 언어화할 수 없기 때문이다. 지금까지 살아오며 경험했던 모든 현상, 만났던 모든 사람과 관련된 기억이 무의식에 방대한 의미 네트워크를 형성하고, 그것이 정동과 연결됨으로써 개인의 취향이 만들어진다. 각각의 기억이 어떤 정동과 연결되는지는 그 자신도 제어할 수 없다.

또 취향에는 '비취향'도 포함된다. 누구나 "딱히 이유는 없지만 이건 싫다"라는 것이 존재할 것이다. 사실 비취향도 기억에서 만들어진다. 취향과는 반대로 특정 대상이 뇌에 축적된 방대한 기억 중 공포나 분노 같은 '불쾌不快'의 정동과 연결될 경우, 그 이유를 의식하지는 못하지만 싫다는 생각이 솟아난다. 정동 기억은 무의식에 잠재한 여러 다른 기억들과 연결되면서 커다란 네트워크를 형성해, 현재 그 사람의 뇌가 작동하는 방식에 영향을 준다.

취향과 비취향은 모두 개인의 과거 경험이 만들어내는 것이다. 무의식에 축적된 기억은 대부분 정동과 연결된다. '기분 좋은' 풍경, '맛있는' 요리, '예쁜' 꽃 등, 경험했을 때 활성화된 정동과 함께 기억으로 저장되는 것이다. 오히려 정동과 연결되지 않는 중립적인 정보가 더 적을 정도다.

취향의 정동은 사람을 강하게 자극하여 행동으로 이끈다. 연애할 때 좋아하는 상대를 눈으로 찾고 원하는 마음은 대부분의 사람이 공감할 수 있을 것이다. 또 선망하는 배우나 뮤지션이 있으면 그 사람을 더 보고 싶다는 강한 욕구를 갖게 되고, 그러한 감정이 때로는 살아가는 버팀목으로 작용하기도 한다. 인기 아이돌 그룹의 콘서트 티켓이 순식간에 매진되는 현상만 보더라도 그 열기가 얼마나 높은지 확인할 수 있다.

일반적으로 기쁨이나 기호를 불러일으키는 것은 보상계 reward system라 불리는 뇌 부위로, 측좌핵 nucleus accumbens이 그 중심이다. 뇌간에 존재하는 복측 피개야 ventral tegmental area에서

보상계 영역

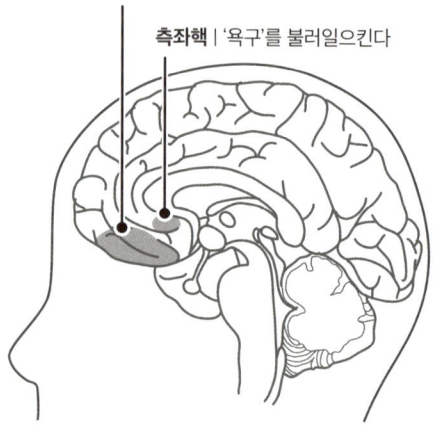

전두전야 안와면 | '취향'을 불러일으킨다

측좌핵 | '욕구'를 불러일으킨다

만들어진 도파민이 측좌핵을 자극하면 기쁨을 느껴 그 행동을 몇 번이고 반복하고 싶어지는 것이다.

지금껏 특정 대상을 '좋아하는' 현상과 '원하는' 현상은 뇌의 같은 영역에 의해 움직이는 것으로 여겨져왔다. 그러나 최근 미시간 대학의 켄트 베리지 Kent Berridge 팀은 연구를 통해 그 두 가지가 별개의 회로로 제어되고 있다는 사실을 밝혀냈다.

취향을 불러일으키는 것은 전두전야 밑면인 전두전야 안와면 orbitofrontal cortex 으로, 그 바로 곁에 욕구를 불러일으키는 측좌핵이 존재한다. 보상계에는 측좌핵뿐 아니라 전두전야 안와면 등을 포함한 더 넓은 범위의 뇌 영역이 포함된다는 사실이 드러난 셈이다. 즉, 기쁨을 불러일으키는 전두전야 안와면과 방대한 의미 기억이 연결되면서 개인의 취향에 관한 정서가 형성되는 것이다.

반대로 보상계가 특정 대상을 회피하거나 그것으로부터 도망치는 행동도 관장하고 있다는 점도 확인되었다. 측좌핵은 싫어하는 것에 대해 욕구의 반대 행동인 회피 행동을 취하게 한다.

이처럼 취향과 욕구가 각각 별개의 회로에 의해 야기된다는 사실이 밝혀진 것은 최근 뇌과학의 커다란 진전이라 할 만하다.

우리는 뇌를 광범위하게 사용해 다양한 요소를 저울질한 다음 행동을 선택한다. 취향, 비취향과 같은 정동은 일반적으로 개인의 뇌가 작동하는 방식, 그리고 행동을 결정하는 데 있어 매우 강한 힘을 갖는다.

뇌를 광범위하게 사용해 결정한다

의미 기억은 대부분 정동과 연결되어 있으며, 대뇌피질의 넓은 범위에 축적된다. 그 저장 방법은 아직 명확히 밝혀지지 않았지만, 적어도 알파벳순이라든지 이용 분야별로 정확히 정리되어 있는 것은 아니다. 그럼에도, 충분한 이해를 통해 저장된 의미 기억은 다른 기억과의 공통성을 토대로 의미 네트워크를 만들어낸다.

예를 들어 '개'라는 단어를 들으면 '네발짐승', '귀엽다', '멍멍 짖는다', '후각이 예민하다', '사람을 잘 따른다', '반려동물로 인기 있다', '늑대의 사촌' 등등 여러 가지 요소가 머릿속에 떠오를 것이다. 네발이면서 귀엽고 반려동물로 인기 있다는 점에서는 '고양이'와 유사한 요소가 있지만, 울음소리나 유연관계에 있는 동물은 서로 다르며, 사람을 대하는 방식을 보더라도 자유분방한 고양이와 주종 관

의미 네트워크의 예시

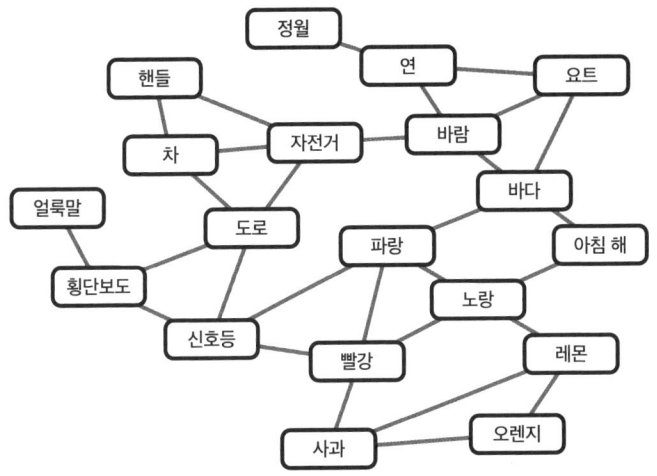

한 개인의 의미 기억은 공통성을 토대로 방대한 네트워크를 형성한다.

계를 중시하는 개는 완전히 다르다.

이처럼 개와 고양이에 관한 기억들은 뇌 내의 네트워크로 연결되어 있다. 다른 동물들과의 공통점이라든지 개개인의 기억, 예컨대 어렸을 때 개에게 쫓겨 무서웠던 기억이나 기르던 개가 죽어서 슬펐던 기억 등도 연결되어 '개'

라는 키워드로부터 여러 가지 지식과 감정이 떠오른다. 그것들은 뇌 전체에 기억된 정보다.

앞서 살펴보았듯이 기억 간의 관련성은 주로 전두전야의 작동에 따라 무의식에서 검색되는데, 그 연결 방식은 그때그때의 컨디션이나 기분, 환경으로부터 받은 자극에 따라 달라진다. 애초에 의미 기억은 매일 새롭게 갱신되므로 오늘 기억이 연결되는 방식은 어제의 방식과 다를 수밖에 없다.

기억들이 지금까지 없었던 방식으로 연결될 경우, 이는 기존의 틀을 뛰어넘는 '창조'라는 출력으로 이어진다. 상식을 뒤집을 만큼 획기적인 연구 성과나 창업가에 의한 혁신 등도 백지상태에서 만들어진 것이 아니라, 예외 없이 과거 기억 간의 연결에 의해 생겨난다.

<u>창조성이라는 건 뇌의 어디에도 존재하지 않는 전혀 새로운 것을 생각해내는 것이 아니라, 기존의 지식을 의외의 조합으로 연결함으로써 탄생하는 것이라고 할 수 있다.</u> 게다가 기억 네트워크 안에서 훌륭한 아이디어가 떠오른다 하더라도 다음 순간에는 그 아이디어가 사라져버릴 가능

성이 높다.

결국, 시시각각 변화하는 뇌 안에서 무의식의 기억을 어디까지 동원할 수 있는지가 관건이다. 눈앞의 데이터를 참고해가며 자신의 뇌에 축적된 모든 기억에 접근하고, 그것들을 취사선택하고, 그것들에 대해 생각한 뒤 결론을 내리는 것이 중요하다.

무의식의 기억은 뇌의 넓은 범위에 걸쳐 저장되어 있다. 어느 한부분만 특출하게 활성화한다고 전체가 원활하게 연결되지는 않는다는 뜻이다. 뇌 전체를 효과적으로 사용하기 위해서는 '집중의 힘'이 아닌 '분산의 힘'이 필요하다.

현명한 의사 결정이 이루어지는 원리

지금까지 살펴보았듯이 직관은 뇌 전체를 사용해 이루어내는 뛰어난 의사 결정 방식이다. 뇌를 광범위하게 사용하여 내린 판단이 과학적으로 보더라도 타당한지, 혹은 개선의 여지가 있는지 검토한 몇 가지 연구를 살펴보자.

이 책에서는 장기적인 관점에서 위험성을 최소화하고 보상을 최대화하는 의사 결정을 '좋은 의사 결정'으로 정의하기로 한다. 반대로 '나쁜 의사 결정'이란, 위험성은 고려하지 않는 극단적인 결정을 말한다. 예를 들어 도박으로 빚을 떠안고 그것을 단번에 만회하고자 거금을 빌려 쏟아붓는 등의 행위다. 이처럼 위험한 결단의 배경에는 뇌를 편향적으로 사용하는 습관이 자리한다.

과학적인 방식을 통해 인간의 의사 결정 능력을 평가한 가장 유명한 연구로 '아이오와 도박 과제 Iowa gambling task'가 있다. 먼저 실험자는 피실험자의 눈앞에 네 벌의 카드 더미를 준비한다. 이것을 각각 A, B, C, D라 부르기로 하자.

A와 B에서 제대로 된 카드를 뽑을 경우 피실험자는 100달러의 보상을 얻는 반면, C와 D에서는 50달러밖에 얻을 수 없다. 그러나 A에서는 작은 손실이 빈번하게 발생하고(10회당 5회), B에서는 큰 손실이 비교적 드물게 발생한다(10회당 1회). A와 B를 모두 합치면 10회당 1,250달러의 손실이 발생하는 셈이다.

반면 C와 D에서 카드를 뽑으면 손실이 적어 최종적으로

250달러의 이익이 생기게끔 설정되어 있다. 피실험자로서는 시행을 되풀이하는 동안 A와 B를 피하고 C와 D의 카드를 고르는 것이 바람직하다.

건강한 피실험자라면 검사가 진행됨에 따라 A와 B의 카드에 큰 위험이 내포되어 있다는 점을 알아차리고 이를 피하게 된다. 검사를 거치며 자신의 뇌 속에 존재하는 비슷한 상황에서의 기억 네트워크에 새롭게 습득한 데이터를 추가함으로써 이익을 도모하는 것이다. 그는 실제 사회에서도 비슷한 방식으로 행동할 가능성이 높다.

하지만 정동 기억의 중추인 편도체에 병변이 있는 사람은 위험을 피하지 못하고, 오히려 운이 좋아 적중하면 큰 이익을 얻으리라는 생각에 계속해서 A와 B의 카드들을 선택하다가 최종적으로는 큰 손실을 내고 만다. 경제적인 손실에 대한 공포감이 결여되었거나, 혹은 손실이 거듭되었을 때 느끼는 지나친 분노 때문에 억제를 발동하지 못해 이러한 행동을 취하는 것이다. 의사 결정에서 중요한 기능을 하는 전두전야에 병변이 있는 사람 역시, 경제적 손실을 피하는 행동을 취하지 못하고 파산으로 내몰린다.

아이오와 도박 과제에서 좋은 선택, 즉 위험성을 회피하고 착실히 보상을 쌓는 견실한 행동을 취할 수 있는 것은 편도체와 전두전야라는 상당히 넓은 범위의 대뇌피질이 관여하고 있기 때문이다.

이 밖에도 의사 결정 과정을 과학적으로 평가한 매우 흥미로운 연구가 있다.

런던 대학의 마이클 무투시스Michael Moutoussis 팀은 피실험자 각각에게 결단을 요구하는 다수의 시험을 부여한 뒤, 뇌의 작동 영역을 특정하여 보여주는 기능적 MRIfunctional MRI, fMRI라는 기법을 사용해 병변이 없는 피실험자들의 뇌 활성화 양상을 조사했다.

그 결과, 보다 장기적인 관점에 입각한 판단이나 사회성을 고려한 판단을 내릴 때 이들이 전두엽에서 후두엽에 이르는 뇌의 넓은 범위를 사용하고 있다는 사실이 밝혀졌다. 특히 앞서 기쁨을 불러일으키는 부위로 소개한 전두전야 안와면(전두전야의 밑면)과 후방 대상회posterior cingulate gyrus가 '좋은 의사 결정'을 내릴 때 매우 중요한 역할을 하고 있다는 사실을 알 수 있었다.

반대로, 눈앞의 단기적인 보상을 선호하며 사회적 위험성 또는 경제적 위험성을 동반하는 충동적인 선택을 내리는 피실험자의 경우엔 뇌의 일부가 편중되어 사용되었다. 이 실험의 결과로부터, 뇌를 광범위하게 사용할수록 충동적이고 일시적인 정동에 휩쓸린 판단을 피하고 보다 이성적인 결정을 내릴 가능성이 높아진다는 사실이 밝혀진 셈이다.

뇌를 광범위하게 사용한다는 것은 더 많은 의미 기억에 접근하고 있음을 뜻하며, 동시에 눈앞의 많은 데이터를 공정하고 객관적으로 평가한다는 의미이기도 하다. 기억은 과거의 것이고 데이터도 과거의 것이지만, 그것을 눈으로 보는 행위자는 이를 현재 입력된 정보로 받아들인다. 그로써 우리는 과거의 기억을 보정하고 보다 확실한 예측에 다가갈 수 있는 것이다.

뇌의 성숙 이후 창조성이 나온다

뇌의 넓은 범위에 축적된 기억에 새로운 데이터를 추가함으로써 미래를 예측하는 정확도를 높일 수 있다고 설명했다. 그런데 사실 뇌의 가장 중요한 기능은 다른 데 있다.

바로 지금껏 존재하지 않았던 조합으로 기억을 연결함으로써 창조성을 빚어낸다는 점이다.

창조라는 것은 빅뱅처럼 완전한 무無에서 갑자기 폭발적으로 나타나는 것이 아니다. 창조에는 직관의 소재가 되는 기억이 필요하다. 인간이 자연과 친숙해지고, 세상의 섭리를 조금이나마 이해하며, 타인과 더불어 살아가는 가운데 창조성이 생겨나는 것이다. 뇌가 어느 정도 성숙해 많은 의미 기억을 획득한 뒤에야 발휘되는 능력이라 해도 좋을 것이다.

노벨상급의 발견이나 역사에 남을 만한 음악, 미술 등을 살펴보아도 이를 확인할 수 있다.

DNA의 이중나선 구조를 발견한 프랜시스 크릭Francis Crick은 원래 물리학자였고, 생물학으로 전향한 지 약 6년 만인 30대 후반에 이 연구를 발표했다. 열 살 무렵 이미 독학으로 미적분을 습득했다고 알려진 아인슈타인Albert Einstein도 20대 중반에 이르러서야 특수상대성이론을 완성했다. 또

어렸을 때부터 천재로 칭송받으며 다섯 살 때 쳄발로 연주를 소화했던 모차르트 Wolfgang Amadeus Mozart 역시, 일련의 악곡을 작곡한 것은 30세를 넘긴 무렵부터다.

천재라 불리는 재능을 지닌 이들도 진정으로 독창적인 성과를 만들어낸 것은 뇌가 성숙하고 나서의 일이었다. 아무것도 모르는 젊고 미숙한 뇌가 갑자기 자연의 진리에 다가서는 발상을 떠올리는 경우는 전무하다 해도 과언이 아니다.

그렇다면 '성숙'이란 무엇일까?

뇌를 뉴런 neuron(신경세포)의 덩어리라고 생각하는 이들이 많은데, 사실 뇌에서 뉴런이 차지하는 비중은 20퍼센트에 불과하다. 나머지 80퍼센트는 글리아 세포 glia cells라는, 뉴런과는 다른 형태로 정보 전달에 관여하는 세포군이다(필자의 저서 『뇌의 수명을 결정짓는 글리아 세포 脳の寿命を決めるグリア細胞』 참고).

이 뉴런과 글리아 세포의 공동 작업장이 형성되는 속도는 뇌의 각 부분마다 다르고, 그중 전두엽이 가장 느려서 10세 무렵에야 비로소 제대로 완성된다. 아무리 뛰어난 재능과 지능을 지닌 사람이라도 10세 이전에는 뇌 본연의 기능을 100퍼센트 발휘하지 못하는 셈이다. 10세가 지나면 뇌에서는 앞서 설명했듯 자연과의 관계, 사람과의 관계에 의해 다른 수많은 정보가 구축되어간다. 그리고 이러한 정보의 중심을 이루는 것은, 세상을 이해한 뒤에야 축적되기 시작하는 의미 기억이다.

의미 기억은 매일 축적되고 변화하는데, 그것들이 어떻게 네트워크를 형성하는지는 각 개인의 이해 수준과 순간순간 받아들이는 정보의 종류에 따라 달라진다. 물론 그날의 기분이나 컨디션 등도 중대한 영향을 미친다. 의미 기억이 불러일으키는 창조는 그야말로 평생에 단 한 번뿐인 만남의 기회라 할 만하다. 바로 다음 순간 그 연결이 끊어져 각기 다른 회로로 작용하는 경우가 많기 때문이다.

아마 뇌 안에서는 무의식중에 의미 기억의 연결이 교체되며 수없는 시행착오를 빚어내고 있을 것이다. 우리는 의식하지 못하지만, 이미 수많은 실패가 반복된 뒤에야 새롭고 놀라운 결합이 이루어져 '바로 이거다!'라는 생각을 불러일으키는 것이다.

이때 최적의 방식으로 연결된 기억 네트워크는 다름 아

닌 직관이라는 형태로 우리 의식 위에 떠오른다. 직관이란 아무런 근거 없이 우연히 생겨난 아이디어가 아니라 기억의 모든 것이 반영된, 개개인이 살아온 인생 그 자체인 셈이다.

직관을 엮는 소재가 과거의 기억이라면, 보다 참신하고 훌륭한 직관을 만들어내기 위해서는 기억을 한층 갈고닦는 작업이 반드시 필요하다. 이에 관해서는 3장에서 자세히 살펴볼 것이다.

직관을 방해하는 네 가지 요소

무의식중에 축적된 기억이 직관을 만들어낸다는 점을 확인했으니, 이제 뇌를 광범위하게 사용하여 뛰어난 직관을 얻기 위한 사고법을 탐구해보자.

먼저, 직관을 얻는 데 방해가 되는 요소는 무엇일까?

필자가 제일 첫 번째로 꼽고 싶은 것은 '집중력'이다. 집중력은 보통 바람직한 것으로 여겨지지만, 뇌를 광범위하게 이용해야 할 때는 마이너스 요소로 작용한다. 집중을 하면 뇌를 보다 넓고 균등하게 쓰는 데 필요한 '분산계'라는 시스템이 억제되기 때문이다. 물론 집중력이 요구되는 상황도 많지만, 무언가를 결정할 때만큼은 집중해서는 안 된다. 이에 대해서는 다음 장에서 자세히 살펴보기로 하자.

'선입견' 역시 뇌의 작동 방식을 한정한다. 성인의 뇌에는 이미 많은 경험들이 기억으로 쌓여 있는데, 선입견이 그 기억들 간의 연결 방식을 익숙한 형태로 흘러가게 만드는 것이다.

대부분의 사람들은 자신이 속한 특정한 사회 환경에 길들어 있다. 그런 가운데 무언가를 결정하고자 하면, 자연스레 늘 사용해온 조합과 흐름으로 생각이 흘러가기 마련이다. "이렇게 하면 어찌어찌 되었어." "어떠어떠한 방식으로 일을 해결한 적이 있어." 이런 배경적 지식이 크게 작용하다 보면 새로운 발상을 받아들일 수 없게 된다.

게다가 선입견은 무의식중에 뇌가 작동하는 방식을 지배한다는 점에서 더욱 경계해야 한다. '이 생각은 선입견에서 나왔구나'라고 인식하는 사람은 아무도 없다. 왜냐하면

의식적으로 '이제는 이 방법밖에 없다'라는 전제 조건을 설정해버리기 때문이다.

이런 걸림돌을 최소화하려면 자신의 생각이 무의식에서 나온 선입견은 아닌지 항상 되짚어보아야 한다. 나는 수많은 사람들 중 하나의 개인에 불과하고, 세상에는 다른 사람의 수만큼 고유의 주관이 존재하며, 그들 각각에게 서로 다른 관점과 사고방식이 있다는 점을 잊지 말자. '내 경험은 대수롭지 않다'라는 겸허함을 가져야 한다는 뜻이다. '모두 각자 나름의 훌륭한 경험을 갖고 있다'라는 마음가짐으로 누군가를 만나면, 그와의 대화가 나 자신에게도 훌륭한 경험으로 작용할 뿐 아니라 세상에는 나의 것과 전혀 다른 견해가 있다는 점을 금세 깨닫게 될 것이다.

'자기 제한self-limitation' 또한 선입견의 일부로 무의식중에 뇌의 풍부한 발상을 방해한다. 특히 실패 혹은 좌절의 경험이 있다면 상황은 더욱 까다로워진다. 우리 모두 어린 시절부터 '세상은 내 마음대로 되지 않는다'는 사실을 지겹도록 실감해왔을 것이다. 그리고 자신보다 뛰어난 사람이 많다는 현실을 실감하면 할수록 자연스럽게 '나는 틀렸어', '나는 할 수 없어'라는 부정적인 생각을 품게 되기 십상이다.

하지만 그럴 때일수록 직관을 만들어내는 것이 무의식의 기억이라는 점을 이해하고 의식해야 한다. 그러면 자기 제한이 무의미한 방해물이라는 사실을 알게 될 것이다. 우리 한 사람 한 사람은 타인과 전혀 다른 경험을 쌓아왔으며, 그것이 잘 연결되면 누구나 훌륭한 직관을 얻을 수 있다.

성공 경험 또한 우리의 사고방식을 좁힌다. 앞서 언급했듯이 '예전에 이러이러한 방식으로 일이 잘 풀렸지'라고 생각하면 그것을 벗어난 발상을 떠올리기 힘들어진다. 세상은 매일 변화하며, 우리 자신도 항상 성장한다. 성공의 경험은 그저 수많은 선택지 중 하나를 제공할 뿐이라는 점을 명심하고, 과거에 시도했으나 잘되지 않았던 방법까지 포함해 모든 가능성을 열어놓기를 바란다.

앞서 소개한 아이오와 도박 과제에서 살펴보았듯이 '정동'에도 주의가 필요하다. 특히 공포나 분노 같은 부정적인 정동은 긴급 경보와도 비슷한 속성이 있어서, 좋든 싫든 우리는 이에 과잉 반응을 보이기 쉽다.

그게 아니더라도, 평범하고 일상적인 행동 방식 역시 사람마다 편차가 크기 때문에 한 개인의 선택이 다수가 납득하는 판단으로 이어지기란 어렵다.

긴급 경보는 편도체에서 발생되며, 이때 전두전야가 기억과 조율하여 합의점을 결정한다. 아이오와 도박 과제에서 편도체나 전두전야에 병변이 있는 피실험자의 행동을 기억하는가? 그들은 위험성을 최소화하며 적절히 보상을 쌓아나가는 행동을 취할 수 없었다. 공포나 분노와 같은 부정적인 정동은 과잉 반응을 끌어내기 쉽다는 점을 인식해야 한다. 늘 '한 호흡 쉰다'라는 마음가짐이 정동의 영향을 최소화할 것이다.

그 반대로, 성장하고 경험이 쌓여갈수록 기쁨을 느끼는 빈도가 줄어드는 현상도 직관을 방해하는 요소로 작용한다. 가슴 뛰는 새로운 경험이 적어지니 '뭐, 이러면 되겠지', '이 정도면 어떻게든 될 거야' 같은 생각이 쉽게 떠올라 앞으로 한발 더 나아가고자 하는 욕구를 차단해버리는 것이다.

이러한 현상은 "왜 그렇지?", "어떻게 해야 좋을까?"라는 질문을 막아버리고, 생각과 고민으로부터 우리 뇌를 멀어지게 한다. 그 결과 기억 간의 연결과 그로 인한 새로운 발상이 억눌리는 것이다. 항상 마음속에서 질문을 던지고 일상의 경험으로부터 그에 대한 해답을 찾으려는 습관을 지녀야 한다. 그것이 우리를 예상치 못한 직관으로 이끌어 줄 것이다.

지금껏 설명한 바와 같이, 보다 훌륭하고 뛰어난 직관을 얻기 위해서는 집중력, 선입견, 자기 제한, 부정적인 정동 등을 최소화하도록 애써야 한다. 그렇다면 이를 위해서 구체적으로 어떻게 하면 좋을지, 다음 장에서 잘 살펴보자.

> **KEY POINT**

- 직관은 오랜 기간 축적한 개인의 기억과 새로운 정보가 무의식중에 연결되어 나타나는 창조적인 사고로, 감각을 통해 순식간에 판단하는 직감과는 다르다.

- 이해한 것에 대한 기억을 뜻하는 의미 기억은 대뇌의 넓은 범위에 저장되며, 직관을 이끌어내는 중요한 요소로 작동한다.

- 전두엽과 후두엽까지 뇌의 넓은 범위를 사용할수록 현명한 의사 결정을 내릴 수 있다. 충동적이고 위험성을 동반한 선택을 하는 이들은 뇌의 일부만 사용하는 경우가 많다.

- 뛰어난 직관을 발휘해야 할 때 가장 방해가 되는 것은 집중력이다.

2장

'집중하지 않는 힘'은 왜 필요한가

뇌의 양대 시스템,
분산계와 집중계

집중력이 직관을 방해한다

앞 장에서 우리는 뇌를 광범위하게 사용함으로써 직관을 얻을 수 있다는 점을 살펴보았다. 그리고 집중력이 직관을 방해하는 주된 요소로 꼽힌다는 점도 확인했다. 하지만 집중력이 직관을 방해한다는 의견에 위화감을 느끼는 사람도 많을 것이다.

일반적으로 '집중은 좋은 것'으로 인식된다. "아무개는 집중력이 있어"라는 말도 보통은 칭찬의 의미로 통한다. 집중력이라는 건 일정 시간, 적어도 몇 시간 동안 같은 일에 몰두하는 상태를 가리킨다. 물론 한눈팔지 않고 과제 해결이나 목표 달성에 몰두하는 습관이 필요한 일이 많은 것도 사실이다.

예를 들어 데이터를 정리하거나 무언가를 만들거나 계산하는 것 등이 포함된다. 즉 해야 할 것이 구체적으로 정해져 있으며, 시간을 들여 이를 소화해야 하는 작업이다. 이때는 새로운 발상이 그다지 필요하지 않다. 오히려 쓸데없는 것은 생각하지 않고 꾸준하게 업무를 소화하는 것이 중요하다. 집중력이 강점으로 작용하는 것은 바로 그런 경우이다.

세상에서 말하는 '일'이란 대체로 집중력을 필요로 하는 것들이고, 그런 일을 지속하는 가운데 우리는 기술을 습득하게 된다. 따라서 집중력의 중요성에 대해서는 더 말할 필요도 없다.

필자의 경우 집중이 가장 필요한 일은 바로 수술이다. 특히 뇌 수술은 생명과 직결되는 부위를 조작하는 일이라 집도의는 극도의 집중과 긴장 상태에 놓일 수밖에 없다. 눈앞에 있는 수술 대상이 병변의 어느 부위에 해당하는지, 거기에 위험한 혈관이나 중요한 기능 요소가 포함되어 있지는 않은지, 늘 스스로의 공간 인지 능력과 수술 전 시뮬레이션에 의지해 초점을 좁혀간다. 그런 상황에서 새로운 연구의 발상을 떠올리거나, 어제 진료를 보았던 환자의 복잡한 증상을 생각하며 그 진단을 고민하는 건 당연히 있을 수 없는 일이다.

수술이 다소 특수한 사례일 수는 있겠지만, 일반적으로 무언가에 집중하고 그 작업에 몰두해 있을 때 새로운 발상을 떠올렸다는 이야기는 거의 들어보지 못했다. 예컨대 소설가를 인터뷰한 기사를 보아도 전혀 다른 것을 하고 있을 때 작품의 이미지가 "떠올랐다"거나 "생겨났다"고 표현하는 경우가 많지, 집중력을 발휘해 "잡아냈다"는 경우는 드물다. 한 가지 일에 너무 깊이 빠져 있으면 아이디어는 샘솟지 않는다.

해야 할 것이 정해져 있고, 해결해야 할 문제가 존재하며, 목표가 확실하다면, 남은 건 집중하고 몰두하여 그것을 해결하는 것뿐이다. 하지만 반대로 해야 할 일을 결정하는 단계, 새로운 것을 창조하는 단계에서는 무언가에 집중하는 것이 오히려 마이너스 요소로 작용한다. 눈앞의 문제를 해결하는 게 아니라 스스로 문제를 찾아내야 하는 상황에서 집중력을 발휘해 "내가 해결해야 할 문제는 무엇일까?"라고 반복해서 질문해봐야 아무런 발상도 떠오르지 않을 것이다. 뇌의 일부만 사용하고 있기 때문이다.

현재의 상황을 타개하는 방침을 떠올리게 하거나 창조로 우리를 이끄는 직관은, 집중에서 해방되어 한숨 돌릴 때 비로소 작동한다. 직관이라는 것이 언제 생겨난다고 했는지 기억하는가? 앞 장에서 살펴보았듯 뇌를 광범위하게 사용할 때, 무의식의 기억들이 예상외의 연결을 이루어낼 때 생겨난다.

그렇다면 대체 어떻게 해야 뇌를 광범위하게 사용할 수 있을까?

이를 위해서 지금까지 설명해왔듯이 '집중하지 않는 것'이 중요하다. 집중하고 있을 땐 해당 과제와 관련한 뇌 부위만이 말 그대로 '집중적으로' 활성화되며, 그것이 효율적인 뇌의 사용을 방해하기 때문이다.

또 한 가지 강조하고 싶은 것은, 공포나 분노, 불안과 같은 '부정적인 정동'이 집중을 가장 두드러지게 불러일으키는 요인이라는 점이다.

다시 말하지만 이것들은 측두엽의 깊은 곳에 위치한 편도체라는 부위에서 생겨난다. 공포를 불러일으키는 상황은 경우에 따라 생명과 관련된 위험을 동반할 가능성이 있기 때문에 편도체는 다소 과잉 반응을 통해 경보를 울린다. 편도체의 경보를 인지한 우리는 눈앞의 상황과 싸울지 피할지 즉시 판단해 행동으로 옮기는데, 이때 불안을 초래한 대상을 머릿속에서 떨쳐내기란 불가능하다. 그러니까 부정적인 정동에서 뇌는 그 대상에 대해 집중하느라 다른 기능들은 억제하는 것이다. 이러한 상황에서 직관은 생겨나지 않는다.

직관을 얻는 데 필요한 것은 의식의 '집중'이 아닌 '분산'이다. 이번 장에서는 직관과 밀접하게 관계된 양대 시스템, '집중계'와 '분산계'에 관해 살펴보기로 하자.

집중계와 분산계의 관계

대뇌피질에 광범위하게 축적된 의미 기억은 시간이 지날수록 점점 늘어난다.

앞 장에서 확인했듯이, 우리의 경험과 지식 대부분은 사라지지 않고 축적되어 무의식의 방대한 네트워크를 형성한다. 그것들을 언어화하고 구체화하여 자유자재로 꺼낼 수는 없지만, 그 네트워크를 능숙하게 사용해 판단을 내리면 과거의 경험치를 모두 활용한 '균형 잡힌 의사 결정'이 된다. 그리고 어떤 사건이나 자극을 통해 이제까지와는 다른 방식으로 기억들이 연결되면, 새로운 생각이 새로운 의미를 갖고 의식 위에 떠오르기도 한다. 바로 '창조'라 불리는 뇌의 작용이다.

이러한 방식으로 뇌가 작용하게 하려면 뇌의 광범위한 영역이 효과적으로 연결되어야 한다. 어떻게 해야 그런 연결이 가능해질까?

'집중계'와 '분산계'라는 뇌의 양대 시스템을 살펴보면 커다란 힌트를 얻을 수 있을 것이다.

앞에서도 잠시 언급했듯이 분산계는 대상회에 존재하는, 뇌를 앞뒤로 빙 둘러싼 기다란 신경섬유에 의해 뇌의 넓은 영역을 연결한다. 이제 그 작용에 관해 조금 더 자세히 설명하고자 한다.

여기서 다시 기능적 MRI가 등장한다. 우리가 다양한 목적에 따라 활동할 때 뇌의 어느 부위가 사용되는지 명확히 보여주는 MRI 검사법이다. 이 기술을 통해 뇌의 기능에 있어 가장 중요한 건 네트워크의 형성이며, 단독 부위가 중요한 역할을 담당하는 경우는 오히려 드물다는 사실이 밝혀졌다.

다양한 상황 가운데 의식을 집중하여 과제를 해결할 때 활성화하는 곳은 집중계라는 영역이다. 전두엽과 두정엽의 외측 대뇌피질, 뇌과학 전문용어로는 '중앙 집행 네트워크 central executive network'라 불리는 부위가 집중계 네트워크의 중심을 이룬다.

최근 기능적 MRI를 이용한 연구에서 가장 큰 네트워크가 발견되었는데, 이 네트워크는 우리가 무언가 목적을 갖고 활동할 때 줄곧 억제되고 있다는 사실이 밝혀졌다. 이는

분산계의 주된 활동 영역

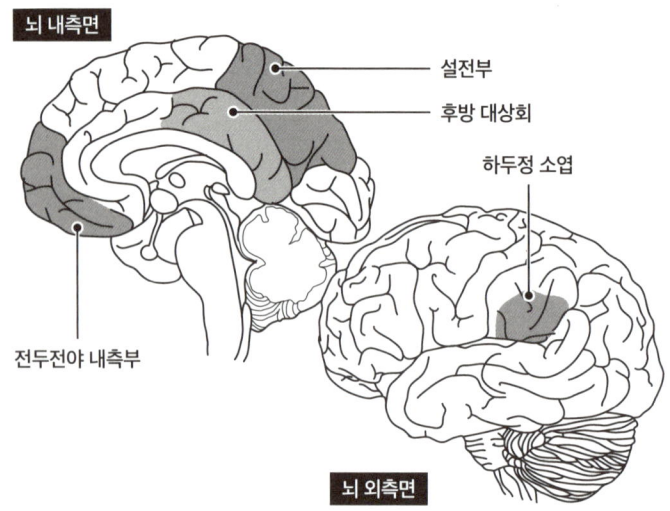

뇌가 항상 하나로 작동하고 있다는 사실을 반증한다는 점에서 대단한 발견이라 할 수 있다.

집중계는 해당 작업의 종류에 따라 작동하는 뇌 부위가 다른 반면 분산계는 늘 동일한 영역이 작동하며 그로써 뇌가 하나의 유기체로서 작동하는 데 중요한 역할을 수행하게 된다. 즉, 뇌는 분산계를 사용함으로써 넓은 범위를 효과적으로 활용한다는 뜻이다.

그런데 더욱 놀랍게도, 이 부위는 사람이 아무것도 하지 않고 멍하니 있을 때 활성화하는 영역과 일치했다.

전문용어로 '기본 상태 네트워크 default mode network'라 불리는 이 영역은 분산계의 중심을 이루는 부위다. 대뇌 백질 white matter을 안쪽에서 떠받치듯 존재하는 대상회의 후반 부분(후방 대상회), 더하여 그와 이어지는 두정엽의 설전부 precuneus, 전두전야 내측부 및 하두정 소엽이 이 기본 상태 네트워크에 포함된다.

이 대상회라는 구조는 대뇌 백질을 전두엽, 두정엽, 측두엽 그리고 후두엽에 이르기까지 광범하게 연결하는 기다란 신경섬유의 다발이라 할 수 있다. 그러니까 분산계는 대상회의 기다란 신경섬유를 이용해 뇌의 광범한 영역을 직접 연결하는 셈이다. 이것이 무의식중에 이루어지는 뇌 내 여러 신경 활동을 동조시키는 것으로 보인다.

집중해서 어떤 과제를 소화할 때 늘 억제되어 있는 부위가 분산계라는 점을 고려하면, 집중계와 분산계가 서로 대립적인 관계에 있다는 사실을 미루어 짐작할 수 있다. 어느 한쪽이 작동하고 있을 땐 반드시 다른 한쪽이 쉬고 있다. 양쪽은 표리일체로, 항상 긴밀한 연계를 이루어 작동한다는 뜻이다.

집중계와 분산계. 뇌는 크게 이 두 가지 시스템으로 나뉘어 있다는 사실을 기억해두자.

직관을 불러일으키는 분산계의 메커니즘

분산계는 대뇌의 넓은 영역을 균등하게 활성화하기 위한 시스템이다. 작업에 집중해 뇌의 일부만 사용하는 경우에는 반드시 억제되어 있으므로, '뇌를 광범위하게 사용하고

자 한다면 특정 작업에 집중하지 않는 것이 좋다'라는 결론이 나온다.

분산계는 주로 멍하니 풍경을 바라볼 때, 산책할 때, 목욕 중에, 혹은 수면(꿈을 꾸는 수면인 렘수면) 상태에 있을 때 활성화된다.

그렇다면 분산계의 활성화란 대체 무엇을 의미할까? 활성화 상태의 분산계는 어떤 일을 하고 있을까? 분산계의 작동에 관한 연구는 여전히 진행 중이지만 대체로 무의식에 그 본질이 있는 것으로 보인다.

현재 많은 연구자들이 분산계의 중요한 기능으로 꼽는 것은 '기억의 통합과 정리'다. 잊고 있던 과거의 사건이 아무런 맥락도 없이 꿈속에 나타나는 경험을 누구나 한 번쯤 해보았을 것이다. 이는 분산계가 대뇌에 넓게 축적되어 있는 기억에 접근한다는 점을 시사한다. <u>분산계는 현재 개인이 경험하고 있는 것을 과거에 쌓아 올린 기억과 역사 속에 모순 없이 집어넣고 이를 편집하는 중요한 역할을 담당한다.</u>

분산계가 작동할 때는 뇌의 넓은 부위가 활성화함으로

써 생각지도 못한 방식으로 기억들이 연결되고, 따라서 새로운 견해나 새로운 발상이 생겨날 가능성이 커진다. 무의식중에 이루어지는 이 과정은 수많은 시행착오를 거쳐 직관이라는 형태로 모습을 드러내게 된다. 하지만 그 작동 방식은 결코 효율적으로 프로그래밍 되어 있지 않다. 결국 대부분의 직관은 시간과 경험의 축적이라는 전제하에 생겨나는 셈이다.

분산계의 작동은 창조력을 만들어내기 위해서도 반드시 필요한 조건이다. 눈으로 직접 보거나 귀로 듣지 않은 것에 관해 생각하기 위해서는 의미 기억 네트워크가 필요한데, 어느 기억과 어느 기억을 연결하는지에 따라 상상의 세계는 거의 무한이라 해도 좋을 만큼의 다양성을 갖는다.

또 한 가지, 분산계는 감정을 만들어낼 때도 중요한 작용을 하는 것으로 여겨진다. 다양한 지각 정보를 하나의 감정으로 파악하기 위해서는 분산계의 역할이 필수적이다. 정동을 감정으로 인식하려면 대뇌피질에 축적된 많은 기억을 참고해야 하기 때문이다.

더하여, 소위 '마음 이론 theory of mind' 혹은 '사회적 뇌 social

brain'를 작동시켜 타인의 기분이나 생각을 추측할 때도 분산계가 활성화한다는 사실이 밝혀졌다. 이는 앞서 설명한 상상력과도 깊은 관련이 있다.

옥스퍼드 대학의 로지어 마스Rogier Mars 연구 팀은 사회적 인지-행동을 할 때 활성화하는 뇌 부위가 앞서 언급한 분산계의 뇌 영역과 거의 일치한다는 사실을 확인하기도 했다. 게다가 증상학적으로도, 대상회에 병변이 생기면 다른 사람의 표정으로부터 감정을 읽어내지 못하게 된다고 알려져 있다.

이처럼 분산계는 기억을 편집하고 창조적인 생각을 이끌어내고 다양한 지각 정보를 받아들이는 등 우리가 알지 못하는 사이 무의식에서 방대한 일을 하고 있는 것이다.

뇌의 무게는 신체의 2퍼센트 정도에 불과하지만, 에너지 소비로 따지면 그 비율이 20퍼센트에 이른다. 그리고 놀랍게도, 무언가 목적을 가진 활동을 하더라도 에너지 소비의 상승률은 채 5퍼센트에 미치지 못한다.

결국 우리가 아무것도 하지 않을 때도 뇌는 줄곧 상당한 에너지를 사용하며, 그 소비량은 특정한 일에 집중하고 있을 때에 비해 그리 낮지 않다는 얘기다. 특히 수면 시간의 약 20퍼센트를 차지하는 이른바 '논렘non-REM수면' 시간에는 강하게 활성화하여 우리의 뇌 기능을 유지하는 중요한 역할을 하는 것으로 알려져 있다.

이 의식되지 않는 뇌의 작용이야말로 뇌를 지탱하는 가장 본질적인 부분인지도 모른다.

좌뇌형과 우뇌형의 차이는 존재할까

앞서 뇌의 양대 시스템을 언급했을 때 아마 많은 사람들이 '우뇌형 인간', '좌뇌형 인간'이라는 구분 방식을 떠올렸을 것이다. 흔히 좌뇌는 논리적 사고나 분석력과 관련이 있고, 우뇌는 직관적 판단과 창조력을 좌우하는 것으로 알려져 있다.

좌뇌가 언어의 중추라는 점 역시 잘 알려진 사실이다. 예컨대 뇌경색 등으로 인해 좌뇌에 장애가 생기면 말이 잘 나오지 않고 언어를 이해하지 못하는 실어증 증상을 보이는 경우가 많다. 반면 우뇌는 어떤 대상에 주의를 기울일지와 같은 주의 기능에서 중요한 역할을 담당한다. 감정의 이해 또한 우뇌를 중심으로 작동한다고 보고된 바 있다.

우뇌에 장애가 생기면 신체 좌측의 편마비^{hemiplegia}를 알아채지 못할 뿐 아니라 아예 신경도 쓰지 못하게 되기도 한다. 이러한 기능적인 차이로부터 우뇌는 창조, 좌뇌는 논리를 담당한다는 일반적인 이해가 자리 잡게 되었다. 그리고 이 사고방식 때문에 우리는 흔히 '논리적' 사고와 '창조적' 사고를 서로 대립적인 요소로 파악하곤 한다.

그러나 기능적 MRI를 비롯하여 각종 상황에서 뇌의 대사 활동을 살펴보는 여러 검사를 통한 연구에 따르면, 좌뇌와 우뇌의 차이를 확실하게 확인할 수 없다는 사실이 밝혀졌다. 뇌의 전기 활동을 측정하는 정밀한 뇌파검사로도 그 차이가 밝혀지지 않는다는 보고가 존재한다. 엄밀히 말해 <u>좌뇌와 우뇌의 역할 분담에 관하여 아직은 확실한 평가를 내릴 수 없다는 의미다.</u>

설령 창조적인 일이나 논리적인 일에서 각각 어느 한쪽

을 중심으로 작동하는 경우가 있다 해도, 본질적으로 우뇌와 좌뇌는 양쪽이 협동하면서 함께 작동한다. 양쪽 모두 활성화 상태로 기능하며, 온전히 한쪽만 작동하는 경우는 없다. 이 점이야말로 한쪽이 작동하면 반드시 다른 한쪽은 쉬게 되는 '집중계-분산계' 관계와의 커다란 차이다.

논리적인 일은 말할 것도 없고, 창조적인 일을 하는 경우에도 그 결실은 기억 간의 새로운 연결을 만드는 단계가 아니라, 이미 얻어진 직관을 형상화하고자 집중하는 단계에서 나타난다. 직관을 통해 뛰어난 발상을 얻더라도 그것을 토대 삼아 무언가를 완성하거나 글로 표현하는 등 정리된 성과로 이어지게 하기 위해서는 반드시 집중하는 시간이 필요하다.

이른바 우뇌와 좌뇌의 작동은 모두 집중계의 일이며, 그것과는 전혀 다른 방식으로 작동하는 것이 분산계라는 뜻이다. 집중계와 분산계는 한쪽이 'on' 상태이면 반드시 다른 쪽은 'off' 상태로 작동하는 반면, 우뇌와 좌뇌는 '함께 on' 혹은 '함께 off' 방식으로 작동한다.

논리적 사고와 창조적 사고는 결코 대립적인 것이 아니

라 서로 협력하여 작동하는 것이다.

말로 설명할수록 정확도는 떨어진다

1장에서 직관을 방해하는 요소를 몇 가지 살펴보며, 집중력이 최대의 걸림돌이라는 점을 확인했다. 그중에서도 집중력이 필요한 '언어화' 작업에 대해서는 특히 주의를 기울일 필요가 있다.

정보를 전달하기 위해 언어화는 필수적인 요소이며, 또 머릿속에서 사고를 정리하고 그 정보의 본질을 파악하는 데도 반드시 필요한 작업이다. 인간은 아주 먼 옛날부터 세상에 관한 정보를 언어의 형태로 정리해 기록으로 남겨왔다. 문헌에 기반한 지식은 그야말로 인류의 보물이라 할 만하다.

그러나 언어화의 중요성을 충분히 인정한다 하더라도 여전히 언어화가 직관을 방해한다는 사실에는 변함이 없다. 이러한 현상은 '기억의 내용과 관련성의 경쟁 content and context competition'이라는 말로 설명할 수 있다. 기억의 내용을 공고히 하면 할수록 그와 관련된 기억들 간의 관련성은 약해진다는 뜻이다.

이스라엘의 신경과학자 코자크Kozak 연구 팀은 시각 정보에 관한 기억이 언어화된 정보의 개입으로 약화된다는 사실을 밝혀냈다.

이는 비교적 최근의 기억을 떠올릴 때 언어가 어떠한 영향을 미치는지 살펴본 실험으로, 비록 무의식에 잠들어 있는 오래된 기억들 간의 연결을 조사한 것은 아니지만, 시각에 관한 기억의 연결이 언어 정보에 의해 저하될 가능성이 있다는 점을 시사한다.

얼굴이나 도형 등의 시각 정보를 비롯하여 미각이나 후각 등 애초에 언어화하기 어려운 정보를 언어화하여 설명하고자 할 때 그 기억의 정확도가 손상되는 현상은 '언어 장막 효과verbal overshadowing'로 알려져 있다.

예컨대 사람의 얼굴을 기억하려 하는 경우, 우리는 언어화하여 그 세부적인 내용을 저장하지 않는다. 그보다는 별생각 없이 분위기를 뭉뚱그려 기억하는 경우가 대부분일 것이다. 또한 얼굴의 생김새 외에 한순간의 표정 변화도 참고하여 구분한다. 이러한 요소들은 언어화하기 매우 어려우며, 상세히 기술하려고 하면 각 요소 간의 미묘한 관련성이 풀려버린다.

이 언어 장막 효과는 과제 해결을 위해 사항의 관련성을 이해하고자 하는 작업을 저해한다는 사실도 밝혀졌다. 사항의 관련성을 이해하는 것이야말로 직관을 만들어내는 근본적인 조건이 아닌가.

모든 기억은 신경 간의 연결 방식, 즉 뉴런 네트워크에 의해 만들어지며, 하나하나의 뉴런은 많은 기억들과 관련되어 있다. 만일 기억을 불러일으키는 신경 회로가 개별적이고 독립적으로 만들어진다면 뇌의 용량은 순식간에 한계에 도달할 것이다.

사고라는 것은 언어를 초월하여 이루어지기도 한다. 무언가를 언어화하려는 노력이 오히려 사고를 제한할 수 있다는 사실을 알아두자.

그러나 물론 이는 어디까지나 직관을 얻을 때까지의 이야기다.

일단 직관을 얻었다면, 그것을 언어화하지 않는 한 금세 잊게 되고 다른 이에게 전달할 수도 없다. 뇌를 광범위하게 사용해 생각한 이후에는 집중해서 언어화하는 노력을 해야 한다.

'멍 때리는 시간'의 중요성

대부분의 경영 대학원에서는 '효율화 추구'를 주요 과제로 다룬다. 업무에 있어 낭비를 줄이고 프로세스를 개선하자는 취지다. 시간이 모든 사람에게 똑같이 배분되어 있는 상황에서 일정 시간 안에 더 많은 작업을 소화하고자 하는 것은 당연한 이치다.

눈앞에 닥친 과제를 해결하고 수많은 메일에 빠르게 답장을 보내면 '일다운 일'을 해냈다는 실감이 샘솟는다. 반면 실험 결과를 검토하거나 고찰하는 업무는 시간을 들여도 명확한 성과를 얻지 못하는 경우가 많아서 '이 시간 동안 나는 대체 무엇을 한 건가?'라는 부정적인 생각에 빠지기 쉽다. 데이터를 살펴보며 이런저런 방향과 해석 방법을 고민하며 며칠을 보내다가 급기야 기분이 침울해지고 "나는 안 되는 인간이야"라며 스스로를 비하하게 되는 경우도 많을 것이다.

하지만 눈앞의 과제를 최대한 빠르게 해결하기만 하면 괜찮은 것일까? 그것이 보다 나은 일을 하는 유일한 방법일까?

먼저 이러한 작업을 할 때 뇌가 어떤 방식으로 사용되는지 살펴보자.

업무 메일에 답장을 보낼 때, 우리는 명확하게 우뇌와 좌뇌를 포함한 집중계를 사용한다. 몇 가지 정보를 통합해 글을 완성하는 것이다. 특정한 과제를 완수하고자 세세한 작업에 집중하면서 최종 형태를 잡아갈 때도 역시 집중계가 사용된다.

이와 달리, 실험 결과를 살펴보며 그 의미를 파악하는 중에는 분산계가 작동한다. 과거의 실험 데이터와 당시 떠올렸던 것을 기억하고 이번에 얻어낸 데이터를 연결해 새로운 해석을 찾아내는 작업이다. 이를테면 뇌 안에 있는 각종 기억의 연결 방식을 모색하는 시간이라 할 수 있다.

이렇게 보내는 시간이 곧장 성과로 이어지지는 않는다. 무엇도 떠올리지 못한 채 "이상하네", "도무지 모르겠다"로 끝나버릴 땐 언뜻 아무런 생산성도 발휘하지 못한 듯 느껴지기도 한다.

이처럼 '금세 성과가 나지 않는' 시간을 배제하자는 것이 '작업 효율화' 혹은 '시간 관리 기술'이다. 그 목표는 어떻게든 집중계의 작동 시간을 최대한 많이 확보하고자 하는 것이다. 데이터를 살펴보며 이러저러한 방식으로 그 의미를 모색하는 시간이나 멍하니 앉아 '아, 모르겠다'라고 생각하는 시간은 당장 성과를 낼 수 없기 때문에 '비효율적'이라는 낙인이 찍힌다.

하지만 집중계와 분산계의 작동 방식을 이해하면 이렇듯 여러 사안의 의미를 고민하는 시간이야말로 창조성의 발휘에 반드시 필요하다는 점을 알 수 있을 것이다. 일을 효율화하려는 노력은 오히려 창조성을 억눌러 전체적으로 보았을 땐 생산성을 저하시키고 만다.

하버드 경영 대학원의 테리사 애머빌Teresa Amabile은 시간을 지나치게 의식하여 작업 효율을 추구하려는 노력이 창조적인 사고를 방해하며, 결과적으로는 프로젝트의 성과를 축소시킨다고 지적했다. 시간과 효율에 대한 의식이 분산계를 배제하는 방향으로 이어지기 때문이다.

애덤 스미스Adam Smith가 『국부론』에서 제시한 '효율화 추구'는 경제학의 원리로, 현대 사회에서 많은 이들의 추구하는 목표로 자리잡아 왔다. 하지만 최근 심리학적 측면에서 지나치게 효율화를 추구할수록 결국 전략적 계획을 상실하게 되고, 창조성의 저하로도 이어질 수도 있다는 사실이 속속 밝혀지기 시작했다.

<u>효율화를 위해서는 한 가지 목표에 의식을 집중시켜야 하는데, 이는 동시에 뇌의 광범위한 사용을 방해하는 요인으로 작용하기 때문이다.</u>

작업의 효율화를 도모하는 것도 물론 필요하지만, 어디까지나 분산계와의 균형을 고려해 어느 정도 장기적인 관점에서 전략을 세우지 않으면 결국 최종적인 성과는 줄어들고 만다. 실험 결과를 살펴보며 고민하는 시간도 결코 헛되지 않다.

집중이 과하면 독성이 쌓인다

뇌에서는 뉴런과 글리아 세포라는 살아 있는 세포가 협조하여 기능을 발휘하는데, 이 기능을 적절히 관리하기 위해서는 세포들의 방대한 대사 활동이 필수적이다. 대량의 에너지와 대량의 산소가 소비된다는 뜻이다. 따라서 뇌가 작동할 땐 그러한 대사 활동의 부산물로 노폐물과 활성산소가 축적된다.

어느 한 가지에만 집중하다 보면 해당 기능을 담당하는 뇌의 영역이 점차 피폐해져, 마침내는 세포의 죽음으로 이어진다는 사실도 기억해두기 바란다.

인간의 신체 에너지는 모두 아데노신삼인산adenosine triphosphate, ATP이라는 물질을 통해 교환된다. ATP를 만들 때 필요한 에너지가 방출되면 피로와 졸음을 유발한다고 알려진 아데노신이라는 물질로 변화한다. 결국 활발하게 작동한 뇌 부위에는 아데노신이 많이 축적될 수밖에 없다. 이러한 축적이 '질린다'거나 '피곤하다' 같은 반응을 불러일으키는데, 집중력에 대한 강박이 있을 경우엔 '여기서 쉬면

안 돼', '이 정도는 집중해서 이겨내야 해'라는 생각 때문에 충분한 휴식을 취할 수 없다.

이렇게 ATP가 고갈되고 노폐물과 활성산소가 계속 축적되면 뇌세포는 죽음을 맞이하고, 최종적으로는 뇌의 위축과 인지 장애가 나타나게 된다. 아데노신은 강력한 수면 유도 물질로, 그것을 억누른 채 활동을 계속하는 것은 곧 강력한 대사 부하를 가한다는 의미이기 때문이다.

또 무언가에 집중할 때는 뇌간에 자리한 청반핵^{locus ceruleus}이라는 부위에서 각성을 촉진하는 노르아드레날린이 분비된다. 노르아드레날린은 목적을 갖고 집중력을 발휘할 때 반드시 필요한 물질인데, 단기적으로는 신경세포를 활성화하는 동시에 신경을 보호한다. 그러나 활성화를 촉진하는 물질은 결국 세포의 대사 또한 촉진하므로 그 시간이 길어질수록 부하가 커지기 마련이다.

경마에서 기수가 처음부터 무작정 채찍질을 가하면 경주마는 도중에 완전히 지쳐 쓰러지고 말 것이다. 이와 같이, 신경세포에 가하는 채찍질 역시 오랜 시간에 걸쳐 계속되면 오히려 독으로 작용해 신경세포를 파괴하고 만다.

스트레스를 받았을 때 분비되는 호르몬인 코르티솔cortisol 또한 시간이 지나면 신경 독성을 발휘한다고 알려져 있다. 스트레스에 대처하기 위해 인간의 신체는 신경을 예민하게 만들어 환경의 변화를 민감하게 알아차리려고 하는데, 이 상황이 오래 지속될 경우 집중계의 신경세포와 글리아 세포에 커다란 부하를 가하는 것이다.

때로는 분산계를 활성화하고 무의식의 기억에 접근함으로써 집중계의 뇌를 쉬게 해야 한다. 물론 그 반대로 분산계만 지나치게 활성화할 때의 위험성도 존재한다.

집중계와 마찬가지로 분산계에서도 대사 부하가 심해지면 해당 부위의 뉴런과 글리아 세포가 죽고, 최종적으로 인지 장애가 생길 수 있다.

더하여 분산계의 지나친 활동이 우울증으로 이어진다는 사실도 밝혀졌다. 우울함이 심해지면 과거에 얽매여 현재와 미래를 생각하지 못하는 상태에 빠진다. 부정적인 생각을 끊임없이 곱씹는 '반추 사고rumination thought'에 매몰되는 것이다.

과거의 기억에 사로잡혀 우울함을 느낄 땐 분산계가 지

나치게 활동하고 있을 가능성이 높다. 그럴 경우엔 다른 일에 집중하는 시간을 만드는 것이 좋다. 일이나 공부에 집중하는 것이 가장 좋겠지만, 그게 쉽지 않다면 비디오게임이나 유튜브 영상도 괜찮으니 마음껏 빠져보자. 어쨌든 현재에 집중하는 것이 중요하고, 단시간이나마 그로 인해 분산계가 휴식을 취할 수 있으니 말이다. 마음이 지금 이 순간에 충실하도록 두는 마음 챙김^{mindfulness} 역시 자신의 신체나 호흡 등에 의식을 향함으로써 집중계를 활성화하는 효과가 있다.

분산계는 뇌의 광범위한 네트워크이므로, 특정한 일에 집중하면 그 커다란 영역에 휴식을 줄 수 있다. 뇌를 쉬게 하는 아주 좋은 방법이다.

결국 집중계든 분산계든 한쪽을 지나치게 사용하는 것은 좋지 않으며 늘 양쪽의 균형을 유지해야 한다는 뜻이다. 다만 일반적으로 무언가에 집중하는 것이 미덕이요, 멍하니 있거나 주의의 대상을 여기저기 옮기는 것은 부정적인 습관으로 간주하는 경향이 있으므로 여기서는 분산계의 중요성을 보다 강조해두고자 한다.

> **KEY POINT**

- 뇌의 양대 시스템은 직관을 발휘할 때 활성화하는 분산계와 몰입할 때 활성화하는 집중계로 구분할 수 있다.

- 집중계와 분산계는 어느 한쪽이 작동하면 어느 한쪽이 억제되는 시스템으로 작동하기 때문에 무언가에 집중하면 창조적인 발상이나 직관이 발현되기 어렵다.

- 분산계는 아무것도 하지 않고 멍하니 있을 때 활성화되는 뇌의 영역과 일치한다. 산책, 목욕, 수면 등 뇌가 쉴 때 직관이 발현되는 이유다.

- 연구 결과, 업무나 과제 중 데이터를 살펴보거나 고민하는 등 비생산적으로 여겨지는 시간을 제거했을 때 결과적으로 최종적인 성과는 떨어졌다.

- 집중계를 과도하게 사용하면 독성 물질이 생성되어 신경세포가 파괴되고, 분산계 활동이 과도해지면 우울증으로 이어질 수 있으므로 균형 있는 두뇌 사용이 필요하다.

3장

직관력을 폭발시키는 방법

무의식의 기억을
넓게 연결하다

기억의 점과 점을 연결하기

창조성을 발휘하거나 균형 잡힌 의사 결정을 하기 위해서는 뇌를 광범위하게 사용하여 무의식에 축적된 기억들을 연결해야 한다는 점을 강조했다. 그리고 이때 방해 요소로 작용하는 것이 다름 아닌 집중력, 그리고 분노나 공포와 같은 정동이라는 사실도 확인했다.

대뇌의 다양한 장소에 저장된 의미 기억의 점과 점을 연결하는 것은 전두전야를 기점으로 한 분산계 네트워크다. 이 네트워크는 서로 연결되어 있지만, 우리가 언제나 자유자재로 각 기억에 접근할 수 있는 것은 아니다.

집중하고 있지 않을 때, 그리고 분노나 공포와 같은 정동이 솟아나지 않는 조건에서, 여러 지각 정보를 통해 기억 네트워크가 자극을 받게 된다. 이 순간 무의식에서는 다양한 기억 간의 연결이 교체되며 시행착오를 거듭하고, 그러다 어느 시점에 갑자기 그때까지는 상상해본 적도 없는 조합이 떠오르는 것이다. "이렇게 생각하는 방법이 있었구나!"라는 신선한 놀라움과 함께 말이다.

쉽게 짐작할 수 있겠지만, 이러한 과정은 모두 무의식에서 일어나므로 인간이 의도적으로 제어하기 어렵다. 그렇다면 생각지도 못한 방식으로 기억들을 연결하기 위해서 우리는 어떤 노력을 할 수 있을까?

기억의 점과 점을 바꾸어 이어봄으로써 창조적인 기억을 연결하는 직관을 만들어내려면 어떤 사고법을 익혀야 할까?

이번 장에서는 뇌의 작동 원리를 이해하고 어떻게 이를 사용하는 것이 효과적일지 살펴보기로 하자.

1장에서 이야기했듯이 서술 기억은 의미 기억과 일화 기억으로 나뉘며, 그중 무의식에서 네트워크를 만드는 것은 주로 의미 기억이다. 여기서 눈여겨봐야 할 것이 있으니, 이 의미 기억과 일화 기억이 서로 완전히 독립된 것이 아니라 뇌 안에서 밀접한 관련성을 갖는다는 사실이다.

그래서 각 개인은 자신의 전문 분야와 관련된 의미 기억을 매우 풍부하게 갖추며, 일상에서 축적되는 일화 기억 역시 전문 분야와 관련된 내용 위주로 형성되는 것이 당연하다. 그렇기 때문에 평소 자신에게 익숙하지 않은 내용의 기억들을 효과적으로 사용하기 위해서는 전문 외 지식을 접하기 위한 노력을 기울일 필요가 있다.

최근 일본의 많은 기업들이 '부업 권장'을 강조한다. 아닌 게 아니라, 멀티태스킹이나 재교육, 취미 생활 등은 여러 가지 기억들이 참신한 방식으로 연결되는 데 커다란 도움이 된다.

의식적으로 전문 외 지식을 접하려는 자세를 갖자. 많은 시간을 들여 생각하고 이해한 뒤 의미 기억에 반영시키기 어렵다면, "언제 어디서 누구와 무엇을 경험했다" 정도의 일화 기억만 남겨도 좋다. 일상의 아이디어로 떠올릴 계기가 될 만한 사진을 찍어두는 것도 좋은 방법이다.

창조성을 발휘하기 위해 또 한 가지 중요한 것은, 시간적인 여유가 필요하다는 점이다.

"자, 생각지도 못한 방식으로 기억들을 연결해 창조성을 발휘해주세요"라는 주문에 곧바로 "예, 되었습니다"라고 응할 수는 없다. 아이디어는 으레 시간을 들여 사고하다가 어느 시점에 문득 떠오르지 않는가. 마감에 쫓기는 업무 중에는 좀처럼 창조성을 발휘할 수 없으니, 충분한 여유 시간을 확보하도록 하자.

기쁨은 뇌를 집중에서 해방시킨다

창조성이 언제 발생하는가에 대한 힌트를 얻을 수 있는 연구 결과가 있다. 기능적 MRI를 통해 인간의 뇌를 관찰해보니 기쁨에 대한 기대가 낮을 때 집중계가 활성화되기 쉽고, 반대로 기쁨에 대한 기대가 높을 때 분산계가 활성화되기 쉽다는 사실이 밝혀진 것이다. 기쁨을 예상하며 두근거림을 느낄 때의 감정이 기억 네트워크를 강화해준다는 뜻이다.

이러한 결과는 우리가 일상적으로 경험하는 감각과도 일치한다. 어떤 일을 할 때 성과가 나오기 시작하고 자신이 목표로 삼은 지점에 가까워지고 있음을 실감하는 순간 뇌가 매우 효율적으로 돌아가는 듯한 기분을 느끼는 경우가 있다. 뇌가 이러한 상태에 이르면 기억의 점들이 생각지도 못한 방식으로 연결되며 창조성으로 이어질 확률이 높다.

기억 네트워크를 풍부하게 만드는 핵심적 요소는 다름 아닌 '기쁨의 감정'이다. 기쁨은 한층 더 높은 수준의 호기심과 창조력으로 이어진다. 자신이 순수하게 즐겁다고 여기는 것을 발견하면, 눈에 보이는 보상이 없어도 기꺼이 그것을 받아들이게 된다.

흔히 일상의 대수롭지 않은 사건에서 느끼는 기쁨의 정도는 개인에 따라 차이가 크다. 음식을 먹고 단순히 '식욕이 채워졌으니 만족스럽군'이라고 느끼는 사람이 있는 반면, '이렇게 맛있는 것을 먹다니, 살아 있어서 다행이야'라고 생각하는 사람도 있지 않은가.

무엇에 공포를 느끼고 무엇에 기쁨을 느끼는지는 타고난 유전적 요인에 따라 달라지기도 하지만 어린 시절의 경험에 의해서도 커다란 영향을 받는다. 구체적으로는 어렸을 때 형성된 정동 기억에 좌우되는데, 3세 무렵까지 완성되는 측좌핵이나 편도체를 포함하여 뇌 깊은 곳에 형성되는 구조의 발달이 그 차이를 만들어낸다.

따라서 이 무렵까지 기쁨의 경험을 얼마나 맛보았는지가 매우 중요하다. 어린이와 시간을 보낼 때는 "이 햄버거 엄청 맛있었지?", "아, 오늘 밤 달이 특별히 예쁘네!" 하는 식으로, 대수롭지 않은 것에 기뻐하는 모습을 제대로 보여주는 것이 좋다. 말하자면 어린이와 함께 기쁨의 감정을 공유하는 것이다.

인간이 기쁨의 감정을 느낄 땐 이마 안쪽에 존재하는 전두전야의 저면부가 관여한다.

뇌는 위험이 닥쳐올 가능성을 감지하면 그 부위로 주의를 집중시켜 몸을 보호하는 행동을 취하도록 설계되어 있는데, 흥미롭게도 위험이 없다는 확신이 들 때 커다란 기쁨을 불러일으키는 곳도 바로 그 부위다. 또한 그럴 때 인간의 뇌는 호기심을 발동시켜 미래에 대비해 새로운 식량이나 수자원을 확보하기 위해 주위를 탐색하고, 더하여 미지의 것들을 살펴보게끔 만든다.

최근 미시간 대학의 바버라 프레드릭슨Barbara Fredrickson과 크리스틴 브래니건Christine Branigan은 연구를 통해 기쁨을 불러일으키는 긍정적인 정동을 품고 있을 때 인간의 시야나 사고방식, 행동 범위가 넓어진다는 사실을 밝혀냈다. '확장-구축 이론The Broaden and Build Theory'이라 불리는 이 연구가 정동에 관한 연구를 새로운 지평으로 끌어올렸다 해도 좋을 것이다.

프레드릭슨과 브래니건의 연구에 따르면, 기쁨에 충만한 사람일수록 뛰어난 창조력을 발휘하고, 새로운 정보에 대한 욕심을 보이며, 유연하고 효과적인 사고를 한다.

기쁨이나 만족감과 같은 감정을 품을 때 주의력과 인지력이 확장되고 시야가 넓어질 뿐 아니라, 생존력과 자손을 남길 가능성까지 높아지는 것을 확인할 수 있었다. 지금 눈앞에 자신의 생존을 위협하는 위험이 없을 경우, 인간의 뇌는 자연스레 미래에 대해 기대감을 품고 긴 시간의 축 안에서 생존과 생식에 관한 전략을 짤 수 있도록 진화해왔기 때문이다.

미래를 향한 기대감에는 자신의 한계를 확장하고, 주위를 탐색하며, 틀을 뛰어넘어 생각하고, 창조의 욕구를 만들어내는 힘이 있다. 기쁨은 인간의 뇌를 집중에서 해방해 보다 광범위하게 사용되게끔 만든다. 그리고 이는 뛰어난 직관으로 이어진다.

주위 사람들을 살펴보자. 일상의 대수롭지 않은 상황에서도 기쁨을 느끼는 이들은 그렇지 않은 이들보다 몇 배나 행복하고 각종 스트레스에 강해 보인다. 평소 사소한 것에도 기쁨을 느낄 수 있도록 행복의 역치를 낮추려는 의식을 갖고 생활하면 도움이 될 것이다.

그렇다면 기쁨의 총량을 올리기 위해 실천할 수 있는 일은 어떤 것일까?

먼저 좋아하는 음식, 좋아하는 음악, 취미와 같은 약간의 취향을 일상에 도입해보는 것이 좋다. 특별한 일이나 거창한 이벤트는 필요 없다. 기쁨이란 원래 평범한 일상 속에 있는 법이다.

그보다 효과적인 방법은 친구들과 어울리며 이야기를 나누거나 적극적으로 다른 사람을 돕거나 집단 활동에 참여하는 것이다. 타인과 함께하는 활동은 긍정적인 정동의 수준을 높인다. 예컨대 맛있는 식사를 가족이나 친구와 나누어 먹는 사소한 일이라도 우리에겐 커다란 기쁨을 불러일으킨다.

더하여 기쁨의 감정을 불러일으키는 데 매우 효과적인 습관으로 운동을 꼽을 수 있다.

적당한 운동은 뇌에 자리한 기쁨의 중추를 직접 자극할 뿐 아니라 근육에서 뇌를 보호하는 물질을 만들어내기 때문이다. 인간도 결국은 동물의 한 종이며, 따라서 몸을 움직이면 본능적으로 기쁨이 솟는다. 운동이 뇌에 미치는 영향과 효용에 관해서는 6장에서 보다 자세히 살펴볼 것이다.

의욕으로 뇌 기능 끌어올리기

창조성을 직접 확인하는 연구는 쉽지 않고, 따라서 일반적인 인지 기능을 평가하는 연구로부터 힌트를 얻는 경우가 많다.

다만 사람을 대상으로 인지 기능이나 기억, 정동 등을 측정하는 일은 재현성을 담보하지 못한다는 점에서 상당히 까다롭다. 동일한 과제를 부과하려 해도 그 조건이 미묘하게 달라지는 일이 생기고, 개인차도 있는 데다 같은 사람이라도 그날그날의 컨디션과 기분에 따라 인지 기능이 달라지기 때문이다.

이와 같은 연구의 어려움에 대해 양해를 구하며, 그럼에도 재현성이 매우 높은 연구 성과를 소개하고자 한다.

인지 기능을 평가하는 실험에서 '성적이 좋으면 상금을 수여한다'라는 조건을 변수로 두었다. 그리고 상금이 없는 경우와 상금이 있는 경우의 결과를 비교해보니, 상금이 있는 경우 성적 향상 수준이 유의미한 차이로 높았다. 이는 여러 연구자가 다른 상황에서 시도해보아도 그 일관성을 분명히 확인할 수 있는, 매우 재현성이 높은 결과였다.

상금을 획득하고 싶다는 의욕이 인지 기능을 향상시킨 것이다. 의욕이라는 요소는 뇌의 기능을 끌어내는 데 결정적인 역할을 한다. 지금까지 이루어진 수많은 연구를 종합해보면, 의욕을 만들어내는 요소는 '내발적'인 것과 '외발적'인 것으로 나뉜다는 사실을 알 수 있다.

내발적인 요소로 먼저 꼽히는 것은 신체의 항상성homeostasis을 유지하기 위한 본능에 가까운 욕구다. 예를 들어 식욕, 갈증, 혹은 이성에 대한 동경 등 남이 강요한 일이 아니라 스스로 내켜서 하는 행위가 대표적이다. 그 밖에도 새로움의 추구(호기심), 즐거움, 기쁨, 자신의 행동을 스스로 결정한다는 만족감(자기 결정감), 보람 등이 의욕의 내발적 요소에 속한다.

한편 외발적인 요인으로는 '보상'을 들 수 있다. 비용과 이익을 비교하고 최소한의 비용으로 최대한의 이익을 얻으려는 욕구는 누구나 이해할 수 있을 것이다. 앞서 언급한 상금은 그중에서도 가장 쉽고 단순한 사례다. 또 한 가지 중요한 외발적 요인으로는 '타인의 평가'가 있다. 목표를 향해 노력할 때 그 과정에서 타인으로부터 좋은 평가를 얻는다면 의욕은 더욱 높아진다. 특히 현대사회에서 타인의 평가는 상금과 비슷한, 혹은 그 이상으로 중요한 동기로 작용한다.

이 내발적인 동기부여와 외발적인 동기부여는 모두 '욕구'를 불러일으키는 보상계를 자극한다. 즉 두 요소는 완전히 별개의 것이 아니라, 공통부분을 지니며 서로 영향을 주고받는 관계에 있다는 뜻이다.

실제로 외발적인 보상이 제시되었을 때 내발적인 동기부여가 강화되는 것은 흔한 일이다. '강화 효과enhancing effect'라 불리는 이 효과는 상금과 같은 물질적 보상보다 타인의 평가, 즉 칭찬이나 기대 등에 의해 촉발되는 경우가 많다.

이와 반대로, 외발적인 보상이 계기가 되어 오히려 내발적인 동기부여가 저하되는 '과잉 정당화 효과overjustification effect'라는 현상도 알려져 있다.

로체스터 대학의 심리학자 데시Edward L. Deci 연구팀에서 수행한 간단한 실증 실험을 살펴보자.

피실험자들은 A, B 두 그룹으로 나뉘어 퍼즐을 풀게 되는데, A 그룹에는 퍼즐을 풀 때마다 보상이 주어지지만 B 그룹의 사람들은 딱히 아무것도 받지 않는다. 그런 뒤 얼마간 쉬었다가 두 그룹은 다시 퍼즐을 풀고, 이번에는 양쪽 그룹 모두 보상을 받지 않는다. 그러자 A 그룹에서는 B 그룹에 비해 퍼즐을 만지는 시간이 짧아졌다.

이는 앞서의 보상 때문에 퍼즐 풀이가 호기심과 만족감을 충족시키는 요인이 아니라 보상을 얻는 수단으로 바뀌어버렸기 때문이다. 행위 자체가 불러일으키는 기쁨이 줄어들어, 상금과 같은 물질적 보상을 얻지 못하면 불만과 억울함을 느끼기 쉬워지는 것이다. 이때 사람들은 애당초 품었던 내발적인 의욕을 잃고 만다.

이처럼 외발적인 동기는 목적 달성을 위한 집중력을 높이고 인지 기능을 향상시키기도 하지만 오래 지속되지 못하고 보상이 적어질 경우엔 금세 사그라들고 만다. 이와 달리 내발적인 동기는 해당 행위 자체에서 기인하므로 오랜 시간 지속되며 그로 인한 기쁨과 만족감 또한 쉽게 사라지지 않는다.

어느 쪽이든 의욕은 뇌를 활성화하지만, 그 계기가 외발적인 것인지 내발적인 것인지에 따라 뇌의 작용 방식이 달라진다.

호기심이 네트워크를 연결한다

인간이나 동물의 행동을 결정하는 것이 주로 외발적 요인인지 아니면 내발적 요인인지에 대해서는 오랫동안 논쟁이 이어져왔다.

20세기에는 외발적 요인론이 우세했지만, 21세기에 들어서는 내발적 요인론이 우세한 경향을 보인다. 뇌과학 연구에서 피실험동물로 흔히 사용되는 히말라야원숭이rhesus macaques는 쉬운 퍼즐 문제를 보면 딱히 아무런 보상이 없어도 열중해 몰입하는 것으로 알려져 있다.

아무런 보상이 없을 경우에도 호기심이나 행위 자체에 대한 즐거움은 강한 동기부여로 작용한다. 어쩌면 그것이야말로 인간에게 가장 단순하면서도 강력한 행동의 동기일지도 모른다. 아이들은 새로운 것, 전에 본 적 없는 것에 자연스럽게 다가가며 성인이 되어서도 새로운 취미를 찾아 자진해서 몰두한다. 이러한 행동들에 딱히 확실한 보상이 있는 것은 아니다.

호기심과 같은 내발적인 동기부여는 매우 강력하다. 행위를 통해 기쁨을 얻기 때문에 그 지속 시간도 매우 길다. 게다가 자기 자신의 행동을 스스로 결정한다는 자기 결정감을 이끌어내기도 하는데, 이는 곧 자기 긍정감으로 이어진다.

이러한 내발적인 동기에서 비롯된 행위는 분산계를 활성화시켜 기억 네트워크를 쉽게 연결한다. 외발적 동기에 의한 의욕이 특정 과제의 해결을 위해 집중계를 활성화하는 것과는 대조적이라 양상이라 할 수 있다. 따라서 창조성을 얻고자 한다면 늘 호기심의 안테나를 뻗고, 스스로 진정한 즐거움을 느끼는 일에 몰두하는 것이 좋다.

기능적 MRI를 사용한 뇌과학 연구에서도, 무언가 보상이 제시되었을 경우에는 편도체와 전방 대상회 anterior cingulate gyrus가 활성화하는 반면 기쁨을 불러일으키는 전두전야 안와면은 억제되며, 실제로도 호기심이나 행위에 대한 즐거움이 감소하는 것으로 드러났다.

반대로 호기심에 이끌려 행동할 때는 물질적인 보상이 제시되었을 때 두드러진 움직임을 보이던 뇌 영역인 편도체와 전방 대상회가 억제되며 전두전야 안와면이 활성화한다.

똑같은 행동을 하더라도 보상을 기대할 때와 자기 마음의 소리에 따라 그 행위 자체를 즐기고 있을 땐 활성화하는 뇌 부위가 다르다. 편도체는 집중계를 움직이므로 그곳이 억제된다는 것은 반대로 뇌를 광범위하게 연결하는 분산계의 작동이 상대적으로 강해진다는 사실을 의미한다. 보상을 기대하기보다는 행위 자체를 즐겨야 뇌를 보다 광범위하게 사용하고 네트워크를 확대할 수 있다는 뜻이다.

내발적인 동기부여에 의한 자율적이고 자발적인 행동에서는 취향의 경로가 활성화한다. 이는 직관을 이끌어내기에 더없이 좋은 환경이다.

불안과 공포는 집중계를 활성화시킨다

기쁨과 같은 긍정적인 정동이 기억 네트워크를 광범위하게 연결해 직관을 이끌어내는 것과 반대로, 분노나 공포와 같은 부정적인 정동은 뇌의 특정한 부위를 집중적으로 활성화시킨다. 이는 혹독한 환경 속에서 늘 포식자의 습격을 경계하며 살아온 포유류의 가장 중요한 중추 기능이었다 해도 과언이 아니다.

위기관리 상황에서 매우 중요한 정동이 작동하는 방식을 보다 자세히 살펴보자.

시각이나 청각, 촉각 등 후각을 제외한 지각 자극은 뇌의 안쪽에 있는 시상이라는 부위에 먼저 모여 대뇌로 보내지고, 거기서 자세한 분석을 거쳐 '감정'으로 의식된다. 이와 동시에, 시상의 곁에 자리한 편도체에 전달되어 무의식중에 정동을 움직임으로써 위기 대처 행동을 취하도록 만든다.

정동의 발신 기지인 편도체는 기억의 중추 역할을 하는 해마와 인접해 있다. 정동을 움직이는 정보는 생명과 직결된 중요한 것이기에, 그 대부분을 기억으로 남겨두는 편이 생존에 유리해진다. 예컨대 특정한 곳에서 위험한 일을 당했다면, 그 장소를 제대로 기억하고 다음부터는 피해서 다녀야 살아남을 확률이 더 높아지지 않겠는가.

여러 가지 정보를 대뇌피질에서 '의식하여' 받아들이는 것 외에도, 우리는 생존을 위해 무의식중에 반응을 보인다. 정동은 삶과 죽음이 갈리는 극한의 현재를 살아남기 위해 진화한 시스템으로, 도무지 미래를 위한 창조성이라는 한가로운 이야기와는 어울리지 않는 듯 여겨진다.

하지만 현대의 인류는 고도의 문명을 이룩해냈으며, 재해나 전쟁, 빈곤과 같은 생사와 직결된 극한의 상태를 겪는 경우가 전만큼 흔치 않다. 이러한 환경 속에서 더 풍요로운 인생을 보내기 위해서는 공포나 분노와 같은 부정적인 정동을 어떻게 제어할지에 대한 관점이 중요하다. 전두전야를 최대한으로 사용함으로써 정동을 억제해야 편중되지 않은 결단을 내릴 수 있을 것이다.

특히 공포나 분노와 같은 정동은 짧은 시간 안에 진정되므로, 이후 대뇌피질에서 그러한 정동을 제대로 분석해 미래에 활용할 수 있는 정보로 기억해두는 것이 중요하다.

또한 정동 기억은 한 사람 한 사람에게 다르게 작용하여, 같은 사건에 대해서도 개인에 따라 다른 감정을 일으킨다. 그러니 자신이 어떤 것에 공포를 느끼고, 어떤 것에 분노를 느끼며, 어떤 것에 기쁨을 느끼는지, 더하여 '자신과 타인은 다르다'는 점을 늘 염두에 두어야 한다. 자신의 감정이 당연하다고 자신하기보다는 항상 신중함을 갖고 타인의 감정을 주시하는 것이 좋다.

정동이 과열되면 뇌는 노르아드레날린과 스트레스 호르몬으로 가득 차는데, 이 인자들은 집중계를 강력하게 활성화하여 뇌의 광범위한 사용을 방해한다.

뇌에 잠재된 기억을 최대한 연결해 창조성을 높이려면 부정적인 정동을 배제하는 방식으로 뇌를 사용해야 한다. 창조성이 필요한 업무 현장, 혹은 중요한 의사 결정을 앞둔 경우에는 정동에 마음이 움직이는 상대나 지나치게 집중한 상태를 피하고, 일단 눈앞의 현장에서 한발 떨어져 생각해보겠다는 마음가짐이 필요하다.

오감을 자극해 직관을 키워라

앞서 설명했듯이 후각을 제외한 전신의 감각계에서 들어온 정보는 뇌의 깊은 곳에 있는 시상이라는 곳에 일단 모였다가 대뇌피질로 연결되어 자세히 해석된다. 이 '해석' 과정에서 과거 기억과의 조합이 일어난다. 즉, 과거에 비슷한 사건은 없었는지 조사가 이루어지는 것이다. 이때 중심이 되어 작동하는 것이 분산계이고, 뇌의 넓은 범위가 검색의 대상이 된다.

따라서 다양한 지각을 적극적으로 받아들여야 분산계로 더 많은 기억 네트워크가 연결될 수 있다. 시각, 청각, 후각, 미각, 촉각 등 기억의 오감을 모두 활용해 뇌 전체를 자극해야 한다.

시각은 후두엽, 청각은 측두엽과 편도체, 미각은 도회, 촉각은 두정엽과 이어진다. 말하자면 이 감각들은 뇌의 거의 모든 부분과 연결된 셈이다.

| **후각** |

오감 가운데 후각만은 시상을 경유하지 않고 직접 대상회나 해마로 신경섬유를 보낸다.

이를 설명하는 예로 프루스트 효과^{Proust effect}가 있다. 프랑스 작가 마르셀 프루스트^{Marcel Proust}의 소설 『잃어버린 시간을 찾아서』 중 주인공이 마들렌과 홍차의 향기를 맡는 순간 어린 시절을 떠올리는 유명한 장면에서 이런 이름이 비롯되었다. 후각의 신경 연락 방식을 감안하면 향기가 다른 어떤 자극보다 쉽게 옛 기억을 불러일으킨다는 점은 지극히 당연하다.

기억 네트워크를 연결하는 중요한 작용을 하기에, 후각은 인지 장애와도 깊은 관련이 있다.

| **시각** |

시각은 지각 정보의 핵심적인 역할을 한다. 몇몇 연구자들은 시각이 우리가 인지하는 전체 정보의 80퍼센트를 담당한다고 주장하는데, 시신경에 포함된 신경섬유의 수가 한쪽에 약 100만 개에 이르는 반면 청각과 관련된 내이신

경에는 약 3만 개가 분포하니 그 나름의 근거가 있는 의견이라 할 수 있다. 특히 낮에 활동하는 영장류의 경우 시각과 직접적으로 관련된 대뇌피질의 넓이가 50퍼센트 이상을 차지한다는 점에서도 시각의 중요성을 짐작할 만하다.

시각 정보는 시상의 외측 슬상체geniculate body라 불리는 부위를 경유해 1차 시각야primary visual cortex인 후두엽으로 보내지고, 이는 측두엽으로 향하는 경로(복측 시각 경로)와 두정엽으로 향하는 경로(배측 시각 경로)로 나뉘어 자세한 분석을 거치게 된다. 복측 경로는 기억의 중추인 해마와 정동을 만들어내는 편도체 등을 포함한 측두엽 내측부와 연결되어 사물의 형상을 기억하고 그 의미를 이해하는 기능에 관여하며, 배측 경로는 전두엽의 운동야와 연결되어 대상을 향한 동작에 관여한다.

이처럼 시각 정보는 뇌 내의 기억 네트워크에 깊이 편입되어 있으며, 동시에 기억을 참조해 동작 결정에 중요한 역할을 한다. 따라서 뇌를 광범위하게 연결하는 기능을 갖는데, 이를 직관으로 연결하는 구체적인 방법에 관해서는 예술 작품과 산책의 활용을 포함하여 6장에서 자세히 살펴보기로 하자.

| **청각** |

청각 역시 매우 중요하다. 실험용 쥐에게 무언가를 가르치고자 할 때 완전한 무음 상태이면 학습 효과가 낮지만 모래 폭풍 소리를 배경으로 들려주면 학습 효과가 높아지는 것으로 알려져 있다.

인간도 글을 집필하거나 일을 구상할 때 조용한 환경보다는 여러 종류의 소리가 어수선하게 들려오는 환경에서 보다 편안함을 느낀다. 특히 고속철도 안이나 사람이 오가는 찻집, 가족의 목소리나 청소기 소리가 울려오는 거실 등, 작업에 방해가 되지 않을 정도의 작은 소음 속의 환경이 적합하다.

iPS 세포 Induced pluripotent stem cells로 노벨상을 받은 야마나카 신야山中 伸弥 교수는 "집에 서재가 없고, 식탁에서 업무를 본다"고 말했는데, 이 역시 합당한 이야기다. 청소기나 세탁기 등 가전제품의 소리는 이른바 백색소음에 포함되는데, 이는 돌발적인 소리의 영향을 완화함과 동시에 청각이 뇌를 적당히 자극해 분산계를 활성화시키도록 돕는다.

창조적인 작업을 하며 음악을 듣는 습관을 가진 사람도 많을 것이다. 그 효과는 상황에 따라 다르다. 좋아하는 음악은 귀를 기울여 듣게 되므로 일을 할 때의 배경음으로는 부적합하다. 이와 비슷하게, 가사가 있는 음악은 감정을 자극하기 때문에 좋지 않다. 클래식이나 재즈, 환경 음악(파도 소리나 벌레 소리 등)이 뇌를 적당히 자극해준다.

| 체성감각 |

촉각을 포함해 압각, 온도각 등의 피부감각과 근육이나 관절의 움직임을 검출하는 심부감각을 통틀어 체성감각이라 부른다. 손이나 신체를 움직여 여러 가지 물건을 만지거나 바람을 느낄 때면 촉각과 함께 심부감각도 작동한다. 심부감각에는 위치각, 운동각, 저항각, 중량각 등이 있는데, 이러한 감각은 관절이나 근육의 움직임에 관한 정보를 무의식중에 뇌로 전달한다.

예를 들어 손을 뻗어 책상 위에 놓인 컵을 잡고 이를 입으로 옮기는 동작을 상상해보자. 이때 팔을 구부리게 하는 근육은 서서히 이완되고, 동시에 펴게 만드는 근육은 서서히 수축되어야 한다. 손가락을 구부려 컵을 잡는 행위에서도 마찬가지다. 컵을 입까지 옮기는 동작도 매우 섬세하게 근육을 조절해야 가능하다. 이러한 동작을 직접 조정하는 것은 선조체 striatum라는 뇌 부위다. 선조체는 대뇌피질과 풍부한 연락을 주고받으며 대뇌에 대한 강한 자극을 준다.

운동이 뇌를 활성화하는 요인으로 몇 가지를 꼽을 수 있는데(6장 참고), 이 심부감각이 그중 하나로 여겨진다. 평소와 다른 신체의 움직임, 잘 사용하지 않는 근육을 사용하는 일은 뇌에 신선한 자극으로 작용한다.

| 미각 |

미각에 관해서도 언급해두는 것이 좋겠다. 미각은 단맛, 짠맛, 신맛, 쓴맛, 감칠맛까지 기본적인 다섯 가지 맛으로 만들어지는데, 그 사이의 다양한 조합은 시각 정보와 후각, 내장 지각, 그리고 개인의 정동까지 포함한 기억 네트워크와 복잡하게 연결된다. 즉 대뇌의 넓은 범위가 관계되며, '뇌의 광범위한 사용'이라는 의미에 있어 미각은 어쩌면 가

장 중요한 감각 정보라고도 할 수 있다.

더구나 미각은 인간의 근원적인 욕구인 식욕과도 밀접하게 연결되어, '맛있다'라고 느끼면 뇌에 있는 기쁨의 회로가 활성화한다. 편식을 피하는 습관도 필요하겠지만 이는 영양분을 골고루 섭취하기 위한 것이고, 일단은 '맛있다'고 느껴지는 것을 먹는 것이 중요하다.

미각은 인간이 오랜 시간을 거쳐 키워온 복합적인 기능이다. 맛있는 음식은 기본적으로 생존에 유리하게 작용할 뿐 아니라, 뇌의 광범위한 활성화와 그로 인한 창조성과도 직결된다.

이처럼 오감으로부터의 지각 자극이 풍부하게 들어오면 그것들을 해석하기 위해 분산계의 기다란 섬유가 작용하여 뇌의 여러 부위를 동시에 발화시키게 된다. 즉 기억의 점들이 연결될 가능성이 높아지는 것이다.

사고로 네트워크를 갈고닦다

누구나 결정을 앞두면 생각에 잠긴다. 그리고 생각의 근본이 되는 것은 '왜?'라는 의문이다.

"왜?", "어째서?"와 같은 질문을 반복하다 보면 잇달아 새로운 궁금증이 떠오르기 마련이고, 그러면 우리는 해답을 찾기 위해 정보를 검색한다. 일반적으로 책이나 문헌, 인터넷 등을 통해 입수된 정보는 언어화되어 뇌에 쌓인다. 이것이 정보의 입력이다. 대부분의 사람들은 언어화를 통한 정보 입력을 학습으로 간주하고, 그것이 곧 '생각'의 과정이라 여긴다.

하지만 이는 사실과 다르다. 제대로 생각하기 위해서는 언어에 의한 기억이 아닌, 개인이 이해한 의미 기억 네트워크가 필요하다. 이는 말하자면 스스로 이해한 사항 간의 연결로, 그 안에 날마다 새로운 정보를 반영하기 위해서는 반드시 이해의 과정을 거쳐야 한다. 충분히 이해하지 않은 채 언어에 의한 기억을 늘려봐야 온전한 생각으로는 이어지지 않는다.

언어에 의한 정보가 인터넷에 수없이 떠돌고 이를 쉽게 검색할 수 있는 오늘의 시대에는 정보 권력, 즉 언어에 의한 지식을 많이 축적했다는 사실이 그리 대단한 우위를 갖지 않는다. 그보다 중요한 요인은 충분한 이해를 거친 뒤 뇌 안에 축적된 의미 기억의 네트워크 안에 새로운 의미 기억으로서 해당 정보를 추가하는 것, 그리고 이 기억의 점들을 연결해 새로운 해석을 만들어가는 과정이며, 이것이 바로 '생각하는' 것이다.

뇌가 기억으로 남기고자 하는 것은 몇 번이나 반복해서 자극받은 정보, 뉴런의 흥분을 여러 차례 이끌어낸 정보다. 생각이라는 행위는 뇌 안에 축적된 기억들을 종횡무진 교체하고 연결하는 작업이라 할 수 있다. 생각을 거듭할수록 그와 관계된 뉴런에 전기신호가 흘러 기억으로 잘 저장되며, 새롭게 얻은 의미 기억 또한 뇌에 흩어져 있는 별개의 기억들과 쉽게 연결된다.

새로운 네트워크가 많이 형성된다는 것은 해당 정보가 기억에 남겨둘 만큼 중요하고 가치 있다는 뜻이다. 즉 네트워크가 풍부한 기억일수록 잘 보존된다.

기억 네트워크를 늘리기 위해 중요한 것은 항상 "왜?"라는 질문을 가슴에 간직한 채 사안을 살펴봐야 한다는 점이다. 그 일에 논리적인 해석을 가하면 이해도가 높아지면서 네트워크에 잘 자리 잡고, 따라서 기억에 깊이 남는다. 이것이야말로 양질의 기억이다.

'무엇을 어떻게 생각했는가?'에 따라 개인의 기억은 변화해간다. 이렇게 얻은 무의식중의 기억이 예상치도 못한 새로운 연결을 이루어내고 독창성과 창조성을 이끌어내는 것이다.

그렇게 많은 요소를 조합한 뒤에야 정동 기억이 최종적인 결단을 가져와 그 결정이 '쾌'인지 '불쾌'인지 인지하게 된다. 의미 기억의 축적은 정동 기억과 연결되어 한 사람의 뇌 안에 네트워크를 형성하고, 그의 인생관, 미의식, 취향과 같은 것을 만들어낸다.

종합하자면 매일 우리의 뇌에 끊임없이 흘러들어오는 정보 중 생각의 과정을 거쳐 기억 네트워크에 자리 잡고 취향과 미의식에 따라 선택한 기억이야말로 창조를 이끌어내는 '양질의 기억'이라 할 수 있다.

망각이 창조로 이어진다

생각을 통해 기억을 선별함과 동시에 망각으로써 불필요하거나 불확실한 정보, 자신의 미의식에서 벗어난 정보를 지워나가는 과정이 한 사람의 개성을 형성한다.

정보가 많다고 좋은 것은 아니다. 쓸데없는 정보로는 네트워크가 형성되지 않기 때문이다. 오히려 그것이 유용한 정보의 연결을 방해하는 걸림돌로 작용하기도 한다.

인간의 뇌는 적극적으로 기억을 지우는 기능을 갖고 있다. 날마다 주입되는 정보는 해마에 단기 기억으로 남겨지고, 그 신경회로가 계속 자극을 받으면 대뇌의 시냅스 가소성synaptic plasticity(5장 참고)을 작동시켜 장기 기억으로 고정된다. 같은 정보가 여러 차례 입력되고 이를 사용한 생각의 과정을 거친 뒤에야 비로소 기억은 확고한 것으로 자리 잡는 것이다.

시냅스 가소성은 단백질에 의해 이루어지므로 기억을 형성하고 유지하기 위해서는 많은 에너지가 필요하다. 따라서 생각에 사용되지 않는 기억은 적극적으로 소거되며,

기억의 중추인 해마에서는 심지어 기억을 지우기 위한 단백질까지 형성한다.

또 생각이라는 행위 자체가 사용하지 않는 기억의 망각을 촉진하기도 한다. 생각이 특정 신경회로에 자극을 주는 동시에 다른 회로는 억제하기 때문이다. 말하자면, 생각하지 않는 사람일수록 불필요한 정보를 잘 기억한다고 해도 좋을 것이다. 이러한 것들은 사실상 네트워크에 제대로 추가된 중요한 기억이 아니며, 실제로 삶이나 일에 거의 도움이 되지 않는다. 잊고 있다가 필요할 때 스마트폰으로 검색해도 충분하다.

불필요한 정보가 넘쳐나는 뇌에서 창조로 이어지는 뛰어난 네트워크의 형성이 제대로 일어날 리 없다. 쓸모없는 정보는 잊어버리고 사안의 본질로 이끄는 양질의 정보를 깊이 저장하는 것이 창조의 원천이다. 이는 인간의 뇌만이 할 수 있는 일이다.

불필요한 정보를 식별해 배제하기까지는 어느 정도 시간이 걸리긴 하지만, 인간의 뇌는 아주 자연스럽게 그 일을 수행한다. 그때까지 축적된 기억 네트워크에 반영되지 않고 관련된 새로운 정보가 추가되지 않는다면, 해당 정보는 이내 소거된다.

입수한 정보와 관련된 몇 가지 신경회로를 동시에 병렬적으로 움직이고 그것을 검증하는 데 시간적인 계층성을 더해갈 수 있는 것이 뇌 작동 방식의 특징이다.

이와 반대로, 인터넷 공간에 망라되어 있는 수많은 정보를 소거하기란 어렵다. 망각이라는 게 애초에 불가능한 데다 생성형 AI에 의한 정밀한 가짜 정보가 엄청난 속도로 끊임없이 축적되기 때문이다. 창조를 향한 걸림돌은 늘어가기만 한다.

네트워크를 풍부하게 만들기 위해 잊어버린다니, 기이한 소리로 들릴지도 모르겠다. 그러나 네트워크에 추가되지 않는 불필요한 정보를 아무리 축적해봐야 뛰어난 정보 간의 연결을 방해하기만 할 뿐이다.

망각이야말로 인간의 뇌가 가진 최대의 이점이다.

KEY POINT

- 직관을 키우기 위해 평소 자신의 전문 분야와 거리가 먼 다양한 정보를 접하는 것이 좋다. 사진을 찍어두거나 "언제 어디서 누구와 무엇을 경험했다"는 식으로 짧게 일화 기억만 남겨도 충분하다.

- 긍정적 감정을 느낄 때 인간의 뇌는 집중에서 해방되어 상황을 바라보는 시야가 넓고 유연해진다. 기쁨의 역치를 낮추고 일상에서 만족감을 느끼는 훈련이 필요하다.

- 오감을 적극적으로 받아들이는 습관이 직관을 높이는 데 도움이 된다. 특히 후각은 시상을 거치지 않고 바로 기억 회로에 연결되기 때문에 과거 기억을 활용하는 데 유리하다.

- 망각은 AI에 없는 인간만의 고유한 능력이다. 우리의 뇌는 불필요한 정보를 잊고 중요한 정보만 남겨 이를 바탕으로 창조적인 사고를 이끌어낸다.

4장

데이터와 수치만으로 최적의 결정이 불가능한 까닭

논리와 직관은
대립하지 않는다

논리적 사고에도 함정이 있다

지금까지 뇌를 광범위하게 사용하고 직관을 이용해 판단하는 것의 중요성에 대해 설명했다. 집중력을 발휘하기보다는 분산계를 활성화시켜야 좋은 의사 결정을 내릴 수 있다는 얘기다. 하지만 이런 말을 들으면 많은 사람들은 "그러면 논리적인 결정을 내릴 수 없지 않나?" 하는 의문을 느낄 것이다.

논리적이라는 것은 '제대로 조리 있게 생각하는 것'이며, 결론에 이르는 근거를 언어화하여 제시할 수 있다는 뜻이다. 대규모 데이터가 그 근거로 뒷받침된다면 이상적이겠지만, 그게 아니더라도 구체적인 특정 사례가 있는 경우엔 어느 정도 논리적인 설명이 가능하다.

다만, 논리적 결정이라는 금과옥조에도 커다란 함정이 존재한다는 사실을 알아두는 것이 좋다.

의료 현장에서 흔히 등장하는 고민을 예로 들어보자. "A라는 치료법과 B라는 치료법 중 이 환자에겐 어떤 것을 적용해야 할까?" 이에 대해 누군가 "이 환자를 치료하기 위해서는 A가 아닌 B를 선택해야 합니다. A에는 이러이러한 위험성이 있고, 최근 권위 있는 학술지《랜싯Lancet》에도 A보다 B가 환자의 생존율을 더 높인다는 논문이 발표되었기 때문입니다"라고 설명한다면, 어쩐지 합당한 판단으로 여겨질 것이다. 근거를 들어 논리적으로 설명하고 있으니 말이다.

논리적 사고에서는 과제에 대한 대답과 주장을 언어로 명확하게 표현한다. 말하자면, 먼저 "나는 어떠어떠한 것이 옳다고 생각한다"라며 결론을 단순한 언어로 표현하고, "왜냐하면 이러저러한 데이터가 있기 때문이다" 하는 식으로 그 주장을 뒷받침하는 것이다. 이러한 경우엔 주장과 사실을 이어주는 근거가 있어야만 한다.

앞서 제시한 사례를 들어 설명하자면 '치료법으로 A가 좋은가, B가 좋은가?'가 과제 설정(즉 전제), '치료법은 B로 한다'가 대답/주장이며, '《랜싯》에 A보다 B의 우위성을 보여주는 논문이 게재되었다'가 사실, 그리고 이들을 연결하는 근거는 '《랜싯》이 권위 있는 학술지라는 점'이다. 레지던트가 학술 대회에서 이런 식으로 발언하면 "오, 연구를 꽤 열심히 했군"이라는 칭찬을 듣게 될 것이다.

그러나 실제 의료 현장에서 치료법을 선택할 때 이와 같은 주장을 토대로 판단하는 것은 위험하다.

왜일까?

이항 대립적 과제는 사안을 너무 지나치게 단순하게 만들기 때문이다.

진단이 같다 해도 병의 상대는 흰지미디 다르고, 그 배경에 있는 기저 질환도 가지각색이다. 아무리 훌륭한 논문이라 해도 어떤 상태의 환자를 대상으로 했는지, 어떤 환자를 제외했는지, 그래서 채택된 치료법이 약물이라면 어느 정도의 양을 어떤 스케줄로 투여했는지, 지금 눈앞의 환자에게 적용해야 할 데이터로 적절한지를 검토해야 한다. 무엇보다도 애초에 이 A와 B 이외의 다른 치료법은 없는지도 구체적으로 살펴야 한다.

환자의 병세와 기저 질환은 물론 환자 개개인의 사고방식, 그 사고방식으로 형성된 경험과 생활 습관이 완전히 같기란 불가능하다. 그들을 그저 "이 병에 걸린 환자"라는 말로 한데 묶을 수는 없다는 뜻이다.

의학계뿐 아니라 세상은 원래 매우 복잡하다. 논리적 사고는 과제를 구체적인 언어로 표현하는 것에서부터 시작하는데, 복잡한 세상을 언어라는 단순한 모델에 적용하는 것은 논리의 강점이 되기도 하지만 동시에 근본적인 약점이기도 하다.

단순함은 보통 '이해하기 쉬운' 것을 가리킨다. 때로는 단순함이 편리하고 유용하지만, 단순화 과정에서 문제를 표면적이고 단면적인 상태로 축소시키기 쉬우므로 주의가 필요하다. 세상을 올바르게 이해하고 최적화된 방향성을 찾아내는 데 논리만으로는 어려운 이유가 거기 있다.

또한 논리적 사고를 할 땐 뇌의 일부분, 집중계만 사용된다. "A인가 B인가?", "Yes인가 No인가?"로 질문의 범위를 좁히면 뇌의 사용 범위 역시 좁아진다는 뜻이다. 때때로 그러한 사고법이 필요한 것은 사실이나, 이렇게만 생각하다 보면 복잡한 세상의 진정한 의미를 이해하기란 요원해질 것이다.

비판적 사고, 전제부터 의심하라

언어화는 논리적 사고의 필수 요건이지만 한편으로 사안을 지나치게 단순화한다는 점을 살펴보았다. 복잡한 현상을 몇 마디의 언어로써 정리하는 일에 위험이 따른다는 사실을 늘 염두에 두어야 한다.

과제 설정 단계에서 단순화가 이루어지면 데이터를 취급하는 방식에도 영향을 미친다. 그렇기 때문에 눈앞의 데이터만으로 사안을 판단해도 될지, 데이터의 해석에 자신의 개성과 버릇, 취향 따위가 짙게 반영되어 편향적인 판단으로 이어지지 않았는지 고려하여 언제나 회의적인 시선으로 바라보아야 한다. 이렇게 비판적인 관점으로 스스로의 판단을 객관화하는 것을 '비판적 사고critical thinking'라 부른다.

비판적 사고는 논리적 사고의 발전된 형태로, 구체적인 질문이나 과제를 설정함으로써 목적을 명확히 하는 것이 그 출발점이다. 이 역시 언어로부터 시작되기 때문에, 단순화 과정에서 빠뜨린 중요한 논점은 없는지 늘 생각해야 한다. 때로는 언어화보다 앞선 단계로 돌아가 차분히 검토해볼 필요가 있다.

또한 수중에 데이터가 있다면 그 외에 다른 데이터는 없는지, 해당 데이터를 취하는 방식은 적절했는지도 생각해야 할 것이다. "어떻게 이런 결과가 도출됐을까?", "정말로 이런 사고방식이 괜찮은 걸까?" 등과 같은 질문을 항상 스스로에게 던지는 습관을 들이자.

최근 이 비판적 사고라는 개념에 대한 주목도가 높아지고 있는데, 그 배경에는 변화가 극심한 현대사회에서 전례나 관습에 얽매인 사고만으로는 사안의 본질에 다가갈 수 없다는 위기감이 자리한다. 데이터를 올바르게 해석하고 사안의 본질에 가까운 최적의 결론에 도달하기 위해서는 비판적인 눈으로 그 전제가 된 사실을 재검토하는 과정이 반드시 필요하다.

반면에 직관적 사고의 경우, 복잡한 사안은 복잡한 그대로 이해해 기억 네트워크에 연결함으로써 새로운 해석과 새로운 사고를 만들어낸다. 늘 논리적 사고에만 의지해 질문이나 주장을 언어화하여 단순하게 소화하다 보면, 이를 고유의 경험이 만들어낸 의미 기억 네트워크에 순조롭게 추가하기 어려워진다. 복잡한 것을 복잡한 채로 파악하고 이를 토대로 사고하는 습관이 사안이나 과제에 대한 본질적인 이해를 이끌어내며, 의미 기억 네트워크를 보다 풍요롭게 만든다.

앞에서도 강조했듯이 '생각하고 이해하는' 것이 무엇보다 중요하다. 이해한 것은 뇌 내에 제대로 기억되고 '연결을 위한 돌기'를 갖게 되어 이후 사고할 때 많은 정보를 끌어당긴다. 깊은 사고의 기준점, 혹은 허브가 되어주는 것이다.

'전제를 의심한다'라는 비판적 사고의 정신은 매우 중요하며, 논리 사고와 직관 사고를 이어주는 가교 역할을 수행한다. 그 과제 설정이 올바른지 묻는 과정이 직관을 얻는 데 필요한 본질적인 질문으로 이어지기 때문이다. 앞서 언급한 치료법 선택을 예로 들자면, A와 B 이외에 다른 선택지는 없는지, 애초에 그 진단은 정말로 올바른지 등 전제부터 철저히 검증할 필요가 있다.

언어화 이전에 복잡한 상황이 존재한다는 것을 항상 인식하고 있다면 과제 해결을 위한 사고가 단순한 모델로 왜소화하는 것을 피할 수 있다. 말하자면, 목적지인 하류를 향해 계속 질문을 좁혀가기보다는 상류에서 '본질에 더 가까운 질문'을 놓치지 않도록 주의해야 한다는 것이다.

본질적인 질문을 생각할 땐 뇌를 광범위하게 사용하게 되고, 이는 뇌의 기억 네트워크를 활성화해 뛰어난 직관을 이끌어내는 계기로 작용한다.

논리적 사고는 직관의 수단

좋은 데이터가 우리를 논리적인 판단으로 이끄는 것은 사실이지만, 단순히 데이터만으로 결론을 얻는 것은 불가능하다. 인간의 뇌는 수치를 보고 사안을 판단하는 데 서툴기 때문이다.

그러나 데이터도 없이 사안에 대해 이야기하면 설득력을 발휘할 수 없고, '비논리적'이라거나 '즉흥적인 생각'이라는 반응을 듣게 된다. 설령 데이터가 있다 해도, 그 세부 내용을 확인하지 않을 수 없다. 그것이 결정할 사항과 밀접한 관련이 있는 데이터인지, 다른 데이터와도 공통점을 갖는지, 제대로 확인하고 검토하는 자세가 필요하다.

다만 데이터를 대하는 방식에 대해서만큼은 다시금 생각해보자.

이후 더 자세히 설명하겠지만, 데이터란 불완전하며 항상 변화하는 것이다. 그러므로 데이터만을 토대로 논리적 판단을 이끌어내는 것에는 많은 함정이 숨어 있다는 점을 알아두어야 한다. 애초에 데이터로 증명하고자 하는 과제나 가설은 많은 요소가 관련된 매우 복잡한 사안의 극히 일부에 불과하며, 따라서 현실에는 존재하지 않는 단순화된 세계라 할 수 있다.

이 지점에서 필자가 강조하고 싶은 것은 직관적 사고와 논리적 사고가 서로 대립하는 것이 아니며, 데이터로부터 도출해낸 논리적 사고는 어디까지나 직관적 사고의 보조에 불과하다는 사실이다. 논리적 사고로 이끌어낸 결론이 무의식중에 우리의 뇌에 축적되어온 방대한 의미 기억과 결합해 새로운 네트워크를 만들었을 때 비로소 직관이 생겨나고 적절한 판단과 결단으로 이어진다.

반대로, 직관으로부터 얻어진 결론에 대해 그 현실성을 다시금 논리적으로 검증해보려는 태도도 중요하다. 어느 데이터를 살펴보던 중 자신의 경험에 대한 기억과 더불어 직관이 번뜩인다면 '이러한 발상이 과거에는 없었을까?' 하는 의구심을 품고 다른 데이터나 논문 등을 찾아보자.

내게 새로운 발상이 사실은 전혀 새로운 것이 아닐 수도 있다는 점, 혹은 다른 일반적인 데이터들과 어긋날 수도 있다는 점을 다시 한번 생각해야 한다. 앞서 비판적 사고에 관한 내용에서도 살펴보았듯 커다란 오류를 범하지 않기 위해서라도, 또 조직 내에서 다른 이들의 동의와 합의를 이끌어내기 위해서라도 이러한 유연성은 중요한 자세라 할 수 있다.

논리적 사고는 직관적 사고에 포함되는 것이요, 그 데이터는 기억 네트워크의 한 요소에 불과하다는 사실을 기억하자.

요즘 들어 마치 '생각하기'='논리적 사고'임을 주장하는 비즈니스 서적이 많은데, 사실 그보다는 '생각하기'='논리적 사고를 포함한 직관적 사고'가 정답에 가깝다. 그것이야말로 하나의 유기체로 기능하도록 만들어진 뇌를 편향성 없이 완전하게 사용하기 위한 유일한 사고법이다.

귀환한 전투기만 분석한 미군의 오류

데이터는 기억 네트워크의 한 부분을 차지하며 직관을 만들어내는 요소가 된다. 그런데 눈앞에 제시된 데이터를 곧이

곧대로 받아들여서는 안 된다. "이 데이터가 얼마만큼 정확한가?" 늘 이런 의문을 품고 회의적으로 살펴볼 필요가 있다.

보통 데이터는 특정 사건에 대한 관찰과 측정 결과를 수치화한 값이지만, '무엇을 어떻게 측정했는가?'에 따라 그 결과는 크게 달라질 수 있다. 측정 대상을 제대로 선택했는가? 거기 편향성은 없는가? 하지만 무언가를 골라내어 측정하는 시점에서 반드시 편향이 생겨날 수밖에 없다.

그중에서도 가장 치명적인 실수는 데이터를 수집할 때 엉뚱한 대상을 선택하는 것이다.

1940년대 제2차 세계대전의 한복판에서 미군은 아군 전투기의 약점을 밝혀내고 그것을 보강하여 전투기가 격추될 확률을 낮추고자 했다. 특히 귀환한 비행기에서 '피격이 잦은 부분은 어디인지' 철저하게 검토했는데, 그 결과 주날개가 가장 피격을 잘 당하고 수직 꼬리날개는 거의 손상이 없다는 사실을 알아냈다. 미군은 주날개를 보강하면 추락이 어려워지리라 결론 내렸다.

이에 따라 주날개를 보강한 전투기가 제조되었지만 오

히려 귀환율은 더 낮아졌다. 알고보니 피격되기 어렵다고 여겨졌던 수직 꼬리날개가 바로 약점이었다. 애초에 그곳을 피격당한 전투기는 아예 귀환하지 못했으니, 귀환한 비행기를 살펴봐야 아무런 소용이 없었던 것이다.

대상의 선택뿐 아니라 데이터의 수집 방식에도 주의를 기울여야 한다.

예를 들어 의학계에서도 데이터를 수집할 때 의도치 않은 편향이 발생할 수 있다. 약의 효과를 검증할 때 '임상 데이터가 충분하지 않다'는 이유로 제외되는 경우도 생긴다. 임상 데이터를 수집하기 불가능한 실험군은 분명히 존재하며, 바로 거기에 진리가 감춰져 있을지도 모른다.

하물며 그 과정에 의도가 개입된다면 이야기는 더욱 복잡해진다. 제외 조건 설정이 가변적이기 때문이다. 최근에는 제외 조건을 처음부터 제대로 정해두는 것이 보통인데, 어느 데이터를 제외할지가 해당 논문의 정확도를 결정짓는 가장 중요한 요소라 해도 과언이 아니다.

이처럼 데이터에는 대상을 선택하고 수집하는 방식에서 두 가지 커다란 편향 가능성이 존재한다는 점을 반드시 기억해두자.

그다음으로, 우리는 수집된 데이터를 어떻게 해석할지의 문제에 맞닥뜨리게 된다.

애초에 완벽한 데이터 해석이란 존재할 수 없으며, 의도와 목적에 맞는 해석법이 있을 뿐이다. 해석법에도 편향이 개입할 여지가 있다는 뜻이다.

데이터의 해석법이 올바른지 늘 회의적인 시선으로 살펴야 한다. 데이터의 내용 가운데 무엇이 가장 눈에 띄는지, 어떤 것이 가장 많이 보이는지 확인하고 그 값을 비교하기는 쉽지만, 이는 해석의 한 측면에 불과하다. 다른 각도에서 살펴보면 다른 해석이 나올 수 있다. 뇌를 광범위하게 사용한 결정의 강점은, 사안을 여러 각도에서 바라보고 다양한 해석을 참조하여 생각할 수 있다는 사실에 있다.

앞서 예로 든 전투기의 수직 꼬리날개 이야기 같은 경우에도, 비행기 설계에 조금이라도 관여한 적이 있는 사람이 데이터를 확인했다면 뭔가 이상하다는 점을 깨달았을지 모른다. 이처럼 논리적 사고 과정에는 오히려 데이터의 자의적인 해석이 자주 발생한다. 반면 뇌를 광범위하게 사용하면, 현실 세계와 밀접하게 연관된 기억 네트워크를 이용해 데이터 편향성에 의문을 던질 수 있다.

업데이트될수록 데이터의 의미는 달라진다

지금까지 뇌를 광범위하게 사용하고 끊임없이 변화시키는 습관의 중요성을 설명해왔다. 최근에는 데이터에 근거한 판단에 있어서도 '변화'의 중요성이 밝혀지기 시작했다.

데이터 해석에는 통계학이 사용되는데, 이때 새로운 데이터가 추가될수록 보다 정확한 추론이 가능해진다. 200년도 더 전에 탄생한 베이즈 통계학 이야기다. 이 베이즈 이론 Bayes' theorem은 컴퓨터 기술의 발전과 더불어 다시금 새롭게 주목받고 있다.

베이즈 이론을 간단히 설명하자면, "가설이 참일 확률은 새로운 데이터를 흡수함에 따라 보다 진실에 가까운 사후 확률로 보정되어간다"라고 할 수 있다. 이 이론의 실례로 아주 유명한 '몬티 홀 문제 Monty Hall problem'를 소개하고자 한다.

몬티 홀이라는 미국의 탤런트가 진행하는 쇼 프로그램이 있다. 세 개의 문 A, B, C 중 하나를 열면 경품인 자동차가 나오고, 나머지 두 개의 문 뒤에는 아무것도 없다. 응답자는 문 하나를 선택하는데, 그 뒤에 경품이 있으면 그것을 가질 수 있다는 설정이다.

응답자가 C를 골랐을 때 사회자는 다른 두 문 중 B를 열고 "(B는) 꽝이네요. 당신은 고른 문을 바꿀 권리가 있습니다. 어떻게 하시겠습니까?"라고 묻는다. 여기서 응답자는 자신의 선택을 바꾸는 게 좋을까, 바꾸지 않는 게 좋을까?

결국 A와 C 중에서 고르는 문제가 되므로 확률은 2분의 1로 어느 쪽이든 같다고 생각하는 사람이 많을 것이다. 하지만 그렇지 않다.

처음 C를 고른 시점에 응답자가 정답을 맞힐 확률은 3분의 1, 고르지 않은 A나 B가 정답일 확률은 3분의 2였다. 그러나 사회자가 B를 열어 보인 시점에서 B가 정답일 확률은 0이 되었기 때문에, A가 정답일 확률이 3분의 2로 올라

몬티 홀 문제의 정답률

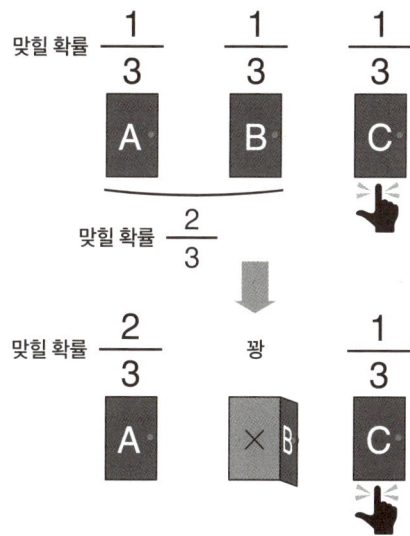

가는 것이다.

따라서 A가 정답일 확률은 C가 정답일 확률의 2배이고, 응답자는 A로 바꾸는 것이 유리하다.

몬티 홀 문제가 우리에게 전하는 교훈은 데이터의 결론을 단순화하기에 앞서 그 값이 지닌 의미를 생각해보라는 것이다. 새로운 데이터를 얻기 전후로 확률은 변화한다. 새로운 정보를 얻은 이후 어떤 행동을 취해야 할지 결정하는 것을 '의사 결정 이론behavioral decision theory'이라 한다. 그러나 여기 제시한 예만 보면 언뜻 감각적인 대답에 위배되는 것으로 여겨질 것이다. 우리는 "과제를 단순하게 만드는 것이 좋다"고 교육받아왔기에 A와 C의 확률이 같다고 생각하는 것이다.

새로운 데이터가 지닌 의미를 잘 생각해야 한다. 베이즈 이론의 경우, 새로운 데이터와 처음 계산한 사전 확률만으로 새로운 확률을 계산할 수 있고, 그로써 데이터를 잇달아 갱신하는 것이 가능하다. 애초에 늘 새로운 데이터를 추가할 수 있다는 것을 전제로 한 이론이다.

하지만 일반적인 통계 해석에 있어 흔히 오래된 데이터와 새로운 데이터는 같은 가치를 갖는 것으로 취급되는 경향이 있기 때문에 추가된 데이터를 통해 당초의 예상을 적절히 보정하기란 쉽지 않다. 이전 데이터에 새로운 데이터를 추가하면 전제가 달라진다는 점을 명심하자. 이후로는 전과 동일한 전제하에 사고할 수 없다는 뜻이다.

당초 예상했던 확률을 토대로 행동하고, 그 행동으로부

터 새로운 데이터를 획득하게 되는 경우도 많을 것이다. 우리는 이를 이용하여 처음의 판단을 보정함으로써 새로운 의사 결정에 활용할 수 있다.

우리의 뇌는 베이즈 이론에 가까운 방식으로 작동한다. 새로운 정보를 받아들일 때마다 출발점으로 되돌아가 근본부터 재검토하기보다는, 새로운 데이터를 통해 확률 예상을 업데이트하고 그때까지의 궤도를 수정하는 것이다. 이는 항상 경험을 활용하면서 변화하고 성장하는 뇌의 중요한 기능 중 하나다. 뇌의 기억 네트워크에 새로운 데이터를 반영하고, 그 네트워크가 어떻게 변화하는지 지켜볼 필요가 있다.

영원히 수치화할 수 없는 것

논리적 사고법은 보통 "이러이러한 근거(데이터)가 있으므로 어떠어떠한 결론을 내린다" 하는 식으로 이루어진다. 지금까지 그 위험성에 대해 설명하긴 했지만, 사안을 판단할 때 데이터가 매우 중요한 근거로 작용한다는 점은 많은 사람이 인정할 것이다. 그렇게 정량적 평가가 이루어지면 다른 이들과 가설에 대한 결론과 판단을 공유하는 것도 가능해진다.

동시에 데이터란 수치화된 정보이며, 데이터를 기반으로 하는 논리적 사고는 사안을 지나치게 단순하게 만든다는 점 또한 다시금 강조하지 않을 수 없다.

더하여 데이터로서 절대 수치화할 수 없는 요소가 존재한다는 사실도 알아두어야 한다.

바로 사람의 생각이나 사고방식, 호의나 반감과 같은 '감정'에 해당하는 부분이다. 이것들은 겉으로 쉽게 드러나지 않지만, 어쩌면 세상을 움직이는 최대의 요소라 해도 좋을 것이다.

그 외에도 음식의 풍미, 사물의 촉감, 예술 작품이 뇌에 가져다주는 영향 등과 같은 것도 수치화하기 어려워 데이터로서 취급할 수 없다는 약점이 있다.

이 정보들의 공통적인 특징은, 인간의 오감을 통해 들어와 뇌 안에서 많든 적든 정동 기억과 연관된다는 점이다.

어떤 음식을 특별히 좋아하는 것도, 이성의 취향이 갈리는 것도 그 대상에 대해 자신의 정동 기억이 '쾌'의 기분을 불러일으키는지에 의해서 결정된다. 따라서 이러한 정보는 개인차가 크고 그때그때의 기분이나 컨디션에 따라 미묘하게 변화한다.

자신의 생각은 물론 다른 사람이 어떤 생각을 품었는지에 관해 상상한 내용 등도 정동 기억과 연결되어 뇌 안에 의미 기억으로 보관되어 있다. 그것들까지 모두 판단 재료로 활용해야 뛰어나면서도 많은 이들의 공감을 얻는 의사 결정을 내릴 수 있다.

세상은 한 사람 한 사람이 지닌 기분의 총체로 움직이기에, 데이터로서 다룰 수 있는 정보와 함께 경험으로부터 비롯한 의미 기억이나 정동 기억과의 연결 방식 등도 참고하여 판단을 내리는 것이 중요하다.

모든 것을 수치화할 수 있으며, 그에 따라 본질적인 판단이 가능하다는 것은 환상에 불과하다.

이를 증명하는 구체적인 사례로 '맥너마라 오류$_{\text{McNamara fallacy}}$'를 들 수 있다. 맥너마라 오류는 미국-베트남 전쟁 당시 케네디 대통령과 존슨 대통령 아래서 국방부 장관을 지낸 로버트 맥너마라Robert McNamara에서 그 이름을 딴 개념으로, '정량적 관측을 제외한 다른 모든 요소는 무시한 채 내리는 판단'을 가리킨다. 그는 '미군의 사망자 수보다 적군의 사망자 수가 많은 것은 곧 미국이 승리를 향해 나아간다는 뜻'이라고 판단했다. 그 결과 어떻게 되었을까? 미국은 패배했다.

전쟁의 승패를 좌우하는 것은 양국 군대 간의 전투 양상에 그치지 않는다. 본질적으로 전쟁이란 국가와 국가의 대결이기에 수많은 민간인이 관련된다. 각각의 국민이 어떠한 생각과 각오로 전투에 임하고 있는지가 승패의 커다란 분기점으로 작용한다. 병사의 사망자 수에만 주목하면 그것을 헤아리는 데 급급해 다른 커다란 요인을 간과하게 된다. 그 요인이란 두말할 나위도 없이 베트남인의 애국심과 미국 국민의 반전 심리였다.

훗날 북베트남의 지도자는 "우리에게 가장 중요한 것은 자유와 독립이었다. 100년이 걸리더라도 끝까지 싸울 각오였다"라고 말했다. 수치화된 데이터는 이러한 '사람의 마음'이라는 중요한 요소를 전혀 반영하지 못한다.

애초에 우리 신체의 한 부위로 존재하는 뇌는 무엇이든 수치화하여 정량적으로 판단하는 일에 그리 뛰어나지 않다. 그보다는 신체지body knowledge나 정동의 기억을 종횡으로 사용한 종합 판단이야말로 뇌의 주특기라 할 수 있다. 그리고 인류를 지금 여기까지 발전시켜온 원동력 또한 바로 그것이다.

데이터만으로 사안을 판단할 경우, 시간은 그렇게 오래 걸리지 않는다. 값을 비교하거나 어느 기준치보다 큰지 작은지만 판단하면 될 일이다. 반드시 인간의 뇌가 아니더라도, 예컨대 AI도 쉽게 판단을 내릴 수 있다. 그러나 복잡한 현실 사회에서 의사 결정을 내릴 땐 그 데이터를 어디까지 신뢰할 수 있는지, 다른 관점은 없는지와 같은 심층적인 분석이 필요하다.

이는 이미 설명한 비판적 사고와도 일맥상통한다. 그리고 그러한 분석이 직관을 보다 활발히 작동하게 만든다.

뇌에 축적된 의미 기억 네트워크에 반영했을 때 위화감은 없는가? 진심으로 납득할 수 있는가? 데이터가 채우지 못한 자리를 직관으로 보완하는 것이야말로 더 좋은 의사결정의 방법이다.

직관과 논리는 대립하는 것이 아니다

"저 사람은 논리적으로 사안을 생각하는 사람이다"라는 말은 보통 칭찬으로 쓰이는 반면, "저 사람은 직관으로 사안을 결정한다"라는 말은 바람직하지 않은 의미로 언급되는 경우가 많다. 그 바탕에 자리한 것은 이항 대립적 비교로, 직관과 논리가 서로 반대의 의미로 언급되어왔음을 드러낸다. 그러나 지금까지 설명했듯이 그 둘은 결코 대립하는 것이 아니다.

논리적 사고의 경우, 사안의 단순화가 불가피한 데다 편향이 개입할 가능성 때문에 애초에 데이터로 취급할 수 없는 경우가 있다. 한편 직관적 사고에도, 정동 기억에 근거한 개인의 취향을 비롯해 당사자의 입장에서 기억에 잘 남는 사건이나 그렇지 않은 사건이 있기 때문에 편향이 개입한다고 할 수 있다. 그 각각의 장단점을 잘 이해하고 구분해서 사용해야 하는 것이 중요하다.

언어로 표현하거나 자유자재로 꺼낼 수는 없을지언정, 뇌 안에는 지금껏 인생에서 겪어온 모든 경험지가 축적되어 네트워크를 이루고 있다. 당면한 현재로부터 얻은 정보나 데이터를 통해 논리적인 결론을 이끌어내고, 그것으로 뇌 내의 네트워크를 자극해 연결을 이룸으로써 획득하는 것이 바로 직관이다. 즉, 직관에는 데이터에 의한 논리적 사고에서는 얻을 수 없는 정보도 포함되어 있다는 뜻이다. 논리는 직관을 불러일으키는 요소 중 하나라 보아도 무방하다.

노벨 경제학상을 수상한 대니얼 카너먼Daniel Kahneman은 저서 『생각에 관한 생각』에서 직감은 빠른 사고이며 논리는 느린 사고라 이야기한다. 하지만 그가 언급한 '직감', 즉 '빠른 사고'는 감각에 의한 반사석이고 자동적인 것으로, 의미 기억 네트워크를 구사한 '직관'과는 다르다는 점을 강조하고자 한다. 지금 우리가 이야기하고 있는 직관이란 천천히 형성되는 것이며, 우리는 그 무의식중의 과정을 의식하지 못할 뿐이다.

그럼에도 카너먼의 이론은 직감과 논리가 상호 보완의 관계를 이룬다는 점에서 이 책의 주장과 일치한다.

직관은 논리처럼 언어화나 수치화를 통해 사안을 단순화하여 파악하는 대신, 대상을 복잡한 그대로 받아들이고 직접적으로 파악함으로써 본질을 간파하는 훌륭한 방법이 될 수 있다.

여기서 강조하고자 하는 것은 "직관과 논리 중 한쪽을 선택하라"거나 "어느 쪽이 더 뛰어나다"는 주장이 아니다. 그보다는 데이터에 근거한 논리적 사고를 직관적 사고 안에 포함시켜야 한다는 것에 가깝다. 말했듯이, 논리와 직관은 결코 대립하는 것이 아니다.

일상에서 잇달아 발생하는 과제를 처리하거나 자신의 목표를 향해 노력하고 있을 때, 간혹 사고가 정체되면서 더 이상 나아가지 않는 상태에 이르곤 한다. 적어도 필자는 그런 시간이 많았고, 아마 대부분의 사람들이 비슷한 고민을 품고 있으리라 생각한다.

기초연구에 매진할 때도 그렇다. 결과를 보면 예상한 대로 나오지 않고 영문도 모르게 모든 방향이 꽉 막혀 있다는 기분이 드는 것이다. 그럴 땐 자칫 논리적 사고로만 문제를 해결하려 하기 쉽다.

하지만 오히려 문제에서 한발 떨어져 분산계를 활성화시켜보자. 6장에서 보다 구체적으로 소개할 방법을 통해 언어화된 것, 수치화된 것 등에서 조금 물러서면 뜻밖의 효과를 볼 수 있을 것이다.

이는 집중계를 사용해 논리적 사고를 진행해나가기 위한 재료를 재검토하는 과정이다. 재료를 찾는 단계에서는 분산계를 작동시키는 것이 중요하다. 창조에 앞서 발상을 찾는 것이다. 그 단계에서 전에는 생각지 못한 발상을 떠올리면 새로운 톱니바퀴가 굴러가기 시작한다.

하나의 전제로 범위를 좁혀 그것만 깊이 파내려가는 것이 논리의 정석인데, 이러한 사고방식에 매몰되면 그 적용 대상 또한 점차 좁혀질 수밖에 없다. 지금처럼 복잡한 세상에서 이는 상당히 비효율적인 방식이기도 하다. 앞서 소개한 비판적 사고 말고도, 전제 자체를 재검토하려는 취지에서 생겨난 것이 바로 '수평적 사고lateral thinking'다.

수평적 사고는 하나의 전제에 집착하기보다 발상을 넓혀 여러 전제를 세우고 각각 논리적으로 파내려가는 사고방식이다. 이때 중요한 것은 풍부한 발상력, 즉 직관을 작동시키는지의 여부다.

일단 발상이 세워지면, 다시 집중계를 가동하여 그 발상을 논리적으로 채우며 형상화하는 것을 목표로 삼는다. 여러 가지 발상이 떠올랐다 해도 이를 형상화하려는 노력을 하지 않는다면 의미가 없다. 예를 들어 새로운 제품을 개발하기 위해서는 무엇보다 새로운 발상이 필요하지만, 이를 제품이라는 형태로 완성시키려면 집중계를 작동시켜 기술적인 측면을 포함해 많은 어려움을 극복해야 한다.

물론 하나하나의 어려움을 극복하는 과정에서 집중계뿐 아니라 그에 따르는 새로운 발상이 요구되는 경우도 있다. 따라서 우리에겐 분산계와 집중계를 오가는 유연성이 필요하다.

KEY POINT

- 완벽해 보이는 논리적 사고에도 함정은 있다. 사안을 지나치게 단순화하여 현실의 다양한 요인과 변수를 무시하게 될 수 있다는 점이다.

- 데이터를 100퍼센트 신뢰하지 말자. 데이터를 선택하거나 수집하는 방식에서 편향이 개입될 수 있으며 데이터가 업데이트될수록 그 의미가 달라지기도 한다.

- 직관과 논리는 서로 대립하는 것이 아니며 상호 보완하는 관계에 있다.

- 직관은 논리처럼 언어화, 수치화해서 판단하는 것이 아니라 대상을 복잡한 채로 받아들인다는 점에서 본질을 파악하는 데 도움이 된다.

5장

AI 시대, 어떻게 뇌를 최적화할 것인가

이세돌의 78수를
AI가 예측하지 못한 이유

인간의 뇌에 있지만 AI에는 없는 것

최근 자연스러운 언어를 주고받을 수 있는 생성형 AI가 등장해 커다란 반향을 일으키고 있다. 방대한 양의 정보를 구사하고 사람 못지않은 표현력까지 겸비한 AI를 만들어낸 기술력에 경의를 표한다.

AI는 당연히 우리의 향후 활동에 커다란 변화를 가져다줄 것이다. 'AI에 의해 사라질 직업'에 대한 기사도 흔히 접할 수 있다. 한편 AI를 전면적으로 금지해야 한다는 등의 극단적인 의견도 나오는 것을 보면 그 충격의 크기가 얼마나 큰지 가늠할 수 있다.

여기서는 보다 객관적인 관점에서 AI와 인간의 뇌가 작동하는 방식의 차이를 살펴보기로 하자.

먼저 지적해두고 싶은 것은, 뇌가 살아 있는 인간의 신체와 함께 존재하는 반면 AI는 순수한 기계라는 점이다.

뇌는 세포에 의해 운영되고, 다른 장기들과 마찬가지로 대사 활동을 하며 변화한다. 항상 신체로부터의 정보, 예컨대 갈증이나 공복감, 팔다리의 통증 등 말초신경의 정보를 받아들이면서 그에 따라 행동이나 사고방식을 바꿔가는 존재다. 영양분이나 산소가 부족하면 뇌는 해당 정보를 파악해 그에 맞는 행동을 취한다.

지금까지 설명해왔듯이 뇌와 신체는 떼려야 뗄 수 없는 관계에 있다. 분노나 공포와 같은 현저한 정동은 신체 반응이 없으면 생겨나지 않는다는 주장이 제기될 정도다.

이처럼 뇌는 신체의 지각 수용기로부터 오감이라 불리는 다양한 정보를 받아들이고 그에 대응하는 부위를 활성화시킨다. 뇌는 정보를 여러 영역에 기억으로 남기며, 동시에 넓은 영역에 모아둔 기억들을 서로 연결할 수 있다. 한마디로, 인간의 뇌는 육체를 통해 얻은 실제 체험을 다양한 사안의 의미로 이해하고 기억한다고 보아도 무방하다.

더구나 뇌는 단순히 뉴런의 덩어리가 아니다. 숫자로 말하자면 그 몇 배에 달하는 글리아 세포와 뉴런이 만들어낸 방대한 네트워크로서 작동한다. 최근 밝혀진 바에 따르면, 글리아 세포가 뉴런을 직접 자극하여 전기신호를 흘려보내기도 한다. 뉴런의 연결 방식은 복잡하되 선의 결합인 반면, 글리아 세포의 연결 방식은 3차원으로 뇌의 넓은 범위에 신속하게 신호를 전달할 수 있다.

이 글리아 세포의 3차원 네트워크에 의해 뇌 내에서는 여러 곳의 뉴런이 동시에 발화해 '초병렬형 처리'가 이루어진다. 뇌는 신체와 강하게 연결될 뿐 아니라 자체적인 하나의 유기체로서 작동하고 있는 것이다. 이로 인해 예상치도 않았던 기억들이 서로 이어져 뇌 안에 의외의 연결을 만들고 창조성을 불러일으킨다.

또한 살아 있는 세포에 의해 만들어진 정보(기억)가 그 대사 활동에 따라 자연스럽게 변화한다는 점도 뇌의 커다란 특징이다.

기억을 형성하기 위해 만들어진 단백질은 해당 기억을 떠올리려는 노력이 없으면 서서히 붕괴하고, 결국 뇌는 기억을 잃게 된다. 반대로 자극이 가해지면 기억은 점점 증강된다. 항상 자극받는 기억은 그 사람에게 중요한 정보임이 틀림없다. 기억은 계속 변화하며, 그 과정에서 한 개인의 특성과 개성이 생겨나 창조성으로 이어진다.

한편 AI는 기계이므로 신호가 전달되는 속도는 뇌보다 훨씬 빠르다. 그러나 여러 곳에서 동시적으로 활성화가 일어나면 기계에는 혼선이 생기기 마련이다. 그래서 AI는 기본적으로 병행 처리를 할 수 없는 구조로 되어 있다. AI에서 자극과 출력은 엄밀히 '일대일'로 작동하는 것이다.

그리고 AI에 한번 입력된 정보는 사라지지 않고 축적된다. 이것이 '잊는 법'을 아는 살아 있는 뇌와의 결정적인 차이일 것이다.

뇌는 중요한 정보와 그리 중요하지 않은 정보를, 그리고 올바른 정보와 미심쩍은 정보를, 완전하지는 않더라도 구분하여 저마다 다른 가중치를 부여할 수 있다. 이는 AI와 구별되는 매우 중요한 특징인데, 그러한 정보의 선택이 잘

못된 판단을 최소화하고 개인별로 사고방식의 다양성을 만들어내기 때문이다.

마지막으로 뇌와 기계의 결정적인 차이가 있다. AI의 경우, 보유한 정보의 대부분이 인터넷상에 한정되어 있다는 점이다. 물론 인터넷에 실로 방대한 정보가 있는 사실은 인정하지 않을 수 없지만, 그 역시 인간의 손에 의해 만들어진 정보이며 통합 감각 정보는 아예 제외되어 있다. 하나의 대상에 대해 시각과 청각, 후각, 촉각 등 여러 감각을 통합한 정보로 기억할 수는 없는 것이다.

적어도 살아 있는 인간이 자연과 접하고 다른 사람과 접하는 가운데 오감을 통해 습득한 '신체지'라 할 수 있는 정보를 AI는 갖지 못한다. 따라서 대상을 깊이 있게 이해할 수 없으며, 거기서 개성이나 지향성이 생겨날 여지는 매우 낮아진다. 직관을 갖지 않은 AI가 진정한 창조성을 발휘하기란 어려운 일이다.

망각이 위대한 능력인 이유

지금껏 AI 시대에 요구되는 직관적 사고법에 관해 설명하며, 그 기반이 되는 것이 바로 뇌 전체에 축적된 의미 기억이라는 점을 강조해왔다. 그렇다면, 언어화하기 어려운 의미 기억은 어떻게 뇌에 축적될까?

뛰어난 직관이 번뜩이도록 하기 위해서는 새로운 기억을 획득하고 필요 없는 오래된 기억을 지움으로써 늘 뇌를 업데이트해야 한다.

기억이라는 것은 실체를 가지지 않는다. 그보다는 '뉴런 간의 연결에서 전기신호가 잘 흐르는 상태'를 가리킨다고 할 수 있을 것이다. 하지만 사용할 일이 없는 정보에 관한 신경회로는 점차 그 결합 부위가 느슨해지고 신경전달물질과 수용체도 줄어들어 전기신호가 흐르기 어려운 상태로 변화한다.

뉴런 간의 결합 부위를 '시냅스'라고 부른다. 이 시냅스에서 전기신호가 흐르는 정도를 변화시키는 것이 '시냅스 가소성'이라는 현상인데, 이것이 뉴런 네트워크가 완성된 이후 기억을 만들어내는 원리로 작용한다.

시냅스 가소성에 관해 간단히 짚고 넘어가는 것이 좋겠다. 정보는 신경계에서 시냅스를 거쳐 한 신경세포에서 다른 신경세포로 전달된다. 개체의 경험을 통해 시냅스의 연결 강도는 변화될 수 있으며 때로는 새로운 시냅스가 형성되기도 한다. 그리고 글리아 세포는 시냅스를 감싸 화학물질의 교환을 도움으로써 뇌의 뉴런 간 연결 정도를 변화시킨다.

뉴런이 전기신호로만 연결되면 그 속도가 훨씬 빠르고 효율도 높을 것이다. 하지만 그렇게 하면 뇌는 환경의 변화에 제대로 적응할 수 없다. 언뜻 보면 비효율적으로 보일 수 있는 시냅스라는 구조를 만듦으로써 뇌는 항상 변화를 꾀할 수 있는 것이다.

시냅스의 작동이 보여주듯이, 기억을 형성하는 과정과 기억을 잊는 과정은 그 원리가 서로 비슷하다.

날마다 오감을 통해 들어오는 정보는 방대한 양에 달한다. 이를 전부 그대로 기억한다면 뇌는 금세 터져버릴 것이다. 게다가 정확도가 낮은 정보나 오래된 정보 등은 올바른 판단을 저해하는 잡음으로 작용한다. 정보를 적절히 선택함으로써 뇌는 항상 업데이트된 상태로 자신을 둘러싼 환경의 급속한 변화를 따라잡아야 한다.

그러기 위해 뇌는 제일 먼저 기억으로 읽어 들일 정보를 선별한다. 특별히 주의를 끌었던 것, 정동을 움직였던 것으로 기억의 대상을 한정하는 것이다. 이 필터는 개인별로 차이가 매우 커서 저마다의 개성을 만들어내기도 한다. 개인 특유의 의미 기억 네트워크가 개인 특유의 사고방식으로 이어지는 셈이다.

그리고 다음으로 인간의 뇌가 수행하는 것이 바로 '망각' 작업이다.

필요성이 낮다고 판단된 정보를 보관해둘 이유는 없다. 기억을 전부 담아두었다가는 새로운 정보를 읽어 들일 여지를 잃게 되기 때문이다. 그뿐 아니라 정보로 가득 찬 뇌에서는 정보를 적절히 꺼내거나 서로 연결하기가 힘들고, 결국 새로운 발상을 이끌어내기도 어려워진다.

이러한 기억의 선택과 망각이 한 개인의 경험에 입각한 의미 기억 네트워크를 만들어내면서 '사고'의 기초를 이른다.

한편 AI는 자연스럽게 잊는 경우가 없는 데다, 변화라고 해봐야 정보량의 증대라는 점뿐이다. 더구나 그 정보의 대부분은 인터넷에 의존한 것이며, 대충 만들어진 정보, 가짜도 포함되어 있다. 이후 오류라는 것을 알아도 그것을 망각하지 못한다.

최근 눈에 띄게 발전한 생성형 AI는 인터넷상의 방대한 정보를 검색함으로써 우리의 질문에 대해 '그럴듯한 대답'이 되는 문장을 만들어내는 장치다. 하지만 AI가 정보의 진위를 간파하는 힘을 갖추고 있다고 할 수는 없으며, 방대한 인터넷 정보를 완전히 망라하는지도 의문스럽다.

생성형 AI가 실존하지 않는 판례를 만들어내고 변호사가 이를 인용해 문제가 되었던 사례와 같이 AI로 인한 말썽이 심심찮게 나온다. 물론 AI가 의도적으로 문제를 일으키는 것은 아니나, 옥석이 섞인 너무나 방대한 정보 가운데 정말로 필요한 정보를 골라내기가 얼마나 어려운지 이를 통해 알 수 있다. 컴퓨터의 성능이 아무리 뛰어나도 이와 같은 오류는 사라지지 않을 것이다.

사안을 판단할 때는 유용하고 의미 있는 정보만을 선별해 그 의미를 이해하고 서로 관련지어 이를 토대로 삼아야 한다. 실제로 뇌는 그러한 기능을 진화시켜왔다. 미심쩍은 정보 혹은 불필요한 정보, 즉 의미 기억 네트워크에 제대로 반영할 수 없는 정보는 다른 뉴런으로부터 자극을 받는 경우가 적어 점차 삭제된다. 이것이야말로 경험 지식과 신체 지식으로서 뇌 내에 축적된 기억 네트워크의 최대 강점이라 해도 좋을 것이다.

프로 장기 기사인 하부 요시하루羽生善治 명인도 저서 『결단력決斷力』에서 이렇게 말한 바 있다. "무언가를 기억하는 것 자체는 공부가 되지 않는다. 그것을 이해하고 숙달해서 제 집 약통에 들어 있는 것처럼 만드는 과정이 가장 중요하다." 그의 말이 의미하듯, 온전히 이해하고 자신의 의미 기억 네트워크 안에 제대로 반영한 정보만이 독창성으로 이어진다.

생성형 AI도 창조성을 가질 수 있을까

최근 AI의 급속한 발전, 특히 ChatGPT와 같은 생성형 AI의 등장은 기존의 AI를 향해 의심 어린 시선을 던지던 이들마저 놀라게 했다. 생성형 AI가 축적된 데이터와 프로그램에 기반해 고품질 문장과 이미지, 그 밖의 콘텐츠를 제공하기 시작한 것이다. 심지어 많은 직장에서 이미 업무의 효율화에 이바지하고 있다.

생성형 AI는 질문에 대한 대답을 짧은 시간 안에 어색함 없는 우리말로 작성해 되돌려주고, 농담을 하고, 사람이 지은 듯한 수필을 작성한다. 인물 사진을 마치 고흐가 직접 그린 듯한 초상화로 바꾸거나, 수십 년 후의 나이 든 얼굴을 예상하는 등의 일도 가능해졌다. AI는 대체 어디까지 발전할까? 결국 인간에 버금가는, 아니 인간을 능가하는 창조력을 갖는 수준에 이를 것인가?

경이로운 속도로 진화하고 있는 AI가 능력을 더욱 연마해 창조를 이루어낼 가능성도 더는 부정할 수 없게 되었다. 지금껏 설명한 인간 뇌의 우위성 또한, 이 새로운 계통의 지성에는 전혀 필요 없는 것일지도 모른다.

하지만 인간의 뇌에도 활로는 있다.

뇌는 세상의 온갖 정보를 받아들일 가능성을 남겨두면서도 정보의 범위를 좁히는 방향으로 진화해왔다. 반면 AI는 모든 정보를 읽어 들이는 방식으로 진화하고 있다. 이 차이는 결정적이며, 따라서 뇌와 AI는 전혀 다른 계통의 지성이라 해도 좋을 것이다.

읽어 들일 수 있는 정보량만 따지자면 AI를 따라갈 수 없지만, 대상을 좁혔을 때의 해상도에 있어서는 인간의 뇌가 훨씬 훌륭하다.

이미 언급했듯이 뇌는 주의를 기울인 대상에 대해 오감 모두를 사용해 정보를 수집할 수 있다. 그리고 신체를 움직여 대상으로 다가가서 더욱 해상도 높은 정보를 취할 수도 있다.

예컨대 현관 앞에 놓인 시클라멘 꽃을 보자. 추위 속에서도 힘차게 줄기를 뻗은 채 빨강, 하양, 분홍의 예쁜 꽃잎을 달고 있다. 다가가서 살펴보면, 똑같아 보이던 꽃잎의 모양은 하나하나 다르고, 색에 따라 그 두께도 다르다. 만져보면 촉촉한 물기가 느껴지며, 은은하면서도 달콤한 향기도 풍긴다. 줄기 아래쪽에 빽빽하게 달린 이파리의 두툼한 잎맥도 직접 느낄 수 있다. 실물에 다가가 살펴보면 금방 알 수 있지만 인터넷에서 읽어내기란 불가능한 정보들이다. 인간의 뇌는 오감을 완전히 사용하여 상세한 정보를 취한다.

인간의 뇌와 AI는 언어를 취급하는 방식도 서로 다르다.

뇌가 수행하는 문장 작성은 어떠한 원칙으로 이루어질까? 2개 국어 구사자, 그것도 10세 이후에 외국어를 습득한 사람은 뇌에 충격을 입을 경우 외국어보다 모국어 활용에 더 장애를 받기 쉽다. 이는 일정한 범위에 국한된 언어중추를 모국어가 가장 효율적으로 사용하며, 외국어는 넓은 범위의 뇌를 동원함으로써 보다 어렵게 기능을 발휘하고 있기 때문이다.

뇌에는 구조적으로 격조사의 사용법, 동사의 사용법과 같은 문장의 구조 파악에 최적화된 부위가 존재하는 것으로 알려져 있다. 즉, 뇌는 먼저 문장구조를 파악한 이후 세부적인 부분을 채워가는 수법을 취하는 것이다.

반면에 ChatGPT는 특정 단어 뒤에 올 단어를 확률적으로 예측하고 방대한 문장 데이터 가운데 가장 타당한 것을 골라내어 연결함으로써 문장을 완성해나간다. 이러한 점에서 인간의 뇌가 사용하는 접근법과는 크게 다르다 할 수 있다.

인간의 뇌가 획득해온 창조성은 뛰어난 정보를 압축한 뒤 그것들을 연결하는 방식으로 생겨난다. 생성형 AI가 이제까지 이룩해온 것은 어디까지나 '새로워 보이는' 정보의 작성이다. 인간의 업무 효율화에 크게 이바지한다 해도, 창조는 불가능하다.

상상력이 없는 AI의 한계

앞으로 컴퓨터 기술이 아무리 발달하더라도 살아 있는 신체를 갖지 못한 AI로서는 영원히 정동과 감정을 갖지 못할 것이다. 따라서 무언가를 적극적으로 추구하려는 지향성을 느끼지 못하고, 타인의 감정을 상상하지도, 타인에 대한 배려의 마음을 느낄 수도 없다. 즉 AI는 '마음'을 가지지 못한다. 이와 달리 인간은 타인을 배려해 사회성 높은 판단과 행동을 취한다. 이것이 사회 전체를 발전시키는 원동력이요, 인간의 압도적인 우위성이라 해도 좋을 것이다.

무언가 결정을 내릴 때 가장 우선시되는 것이 정동을 움직인 정보라는 점은 이미 설명했다. 아주 먼 옛날 정동은 그야말로 생존을 위해 필수적인 요소였다. 정동을 움직이는 정보에 신속히 대응해야 살아남을 수 있었으니 말이다. 공포나 분노의 원인, 예컨대 맹수의 존재나 식량 부족, 천재지변 등의 상황을 재빨리 파악하고 결단을 내려 행동으로 옮겨야 하기에, 뇌는 편도체에서 내려온 지령을 최우선으로 고려하게 되었다.

물론 예외는 있지만, 지금 우리가 사는 시대의 최대 위협은 맹수도 천재지변도 아닌, 같은 사회에 사는 인간이다. 모두가 수비를 굳건히 하여 식량을 비축해둔 상태에서는 동료의 배신이나 식량의 수탈이 더욱 두려운 요소로 작용한다는 뜻이다. 또한 같은 사회의 동료로부터 '별난 녀석'

취급을 받으면 그 사회에서 제대로 살아가는 것이 힘들어진다.

사회적으로 안전하고 풍요로운 삶을 위해서는 자신이 내린 결정에 타인에 대한 배려가 녹아 있는지 자문해보아야 한다.

고도의 사회성을 획득한 인간의 뇌는 단순한 욕구를 충족하기보다, 간접적인 방식으로 자신의 이익에 도움이 될 만한 행동을 시뮬레이션 하여 선택하는 것이 가능해졌다.

타인이 무엇을 느끼고 무엇을 생각하고 있는지 추측해 사회적인 행동을 취하는 시뮬레이션에서 중요한 작용을 하는 것이 바로 '상상력'이다. 그리고 이 상상력, 즉 '마음이론'의 기반이 되는 것이 분산계라는 사실이 많은 연구를 통해 밝혀졌다. 타인의 심정을 유추할 때 분산계의 주된 구성 영역인 후방 대상회와 전두전야 내측부가 활성화했던 것이다.

또 한 가지, 먹을 것을 얻거나 타인에게 칭찬을 받는 등 욕구를 직접적으로 만족시키는 보상을 얻을 때와 상상력을 작동시켜 욕구와 큰 관계가 없는 '이타적 행동'을 하여 보상을 얻을 때 활성화되는 뇌의 부위가 서로 다르다는 사실도 밝혀졌다.

버밍엄 대학의 록우드Patricia Lockwood 연구 팀은 육체적 부하를 동반하는 일을 수행하는 데 있어 자신의 이익을 우선시할 때와 타인을 배려할 때 뇌의 어느 부위가 어떻게 활성화하는지 기능적 MRI를 사용해 조사했다.

그 결과 자기 이익을 우선시할 경우에는 복측 피개야라 불리는 뇌간의 중뇌 배측부가 활성화했다. 이는 계통발생학적으로 매우 오래된 부분인데, 본능적인 욕구를 만족시키려 할 때 활성화하여 도파민 등을 분비함으로써 행동을 일으킨다.

반면에 이타적인 선택을 할 때는 분산계의 주요 구성 요소이자 전두전야와 깊이 관계된 전방 대상회 영역이 활성화했다. 즉, 전방 대상회가 뇌의 넓은 범위에 작용함으로써 이타적인 행동이 가능해진다는 사실이 드러난 것이다.

타인의 마음을 추측하기 위해서는 그 순간의 상황과 상대의 표정, 행동, 목소리 등을 분석하고 자신이 가진 방대한 의미 기억에 접속해 이를 조합해야 한다. 결국 분산계의 활성화가 상상력을 만들어내고 이타적인 행동으로 이어지는 셈이다.

이처럼 이타적이고 사회성 있는 행동이 개인의 신체적·정신적 건강을 향상시킬 뿐 아니라 사회적인 안정과 경제적인 성공을 가져다준다는 사실도 밝혀졌다. 대화에는 동물들의 털 고르기grooming와 마찬가지로 개체 간의 신뢰 관계를 심화하며 정신적 안정을 가져다주는 효과가 발견되는데, 이때 상상력을 작동시키면 각 개인의 정신적인 건강도는 더욱 높아진다.

신체를 갖지 않는 AI에는 타인의 마음을 헤아리는 상상력이 없기에 배려나 공감도 불가능하다. AI에는 마음이 없다. 인간이 주도하지 않는 이상, AI들이 고도의 커뮤니케이션을 취하고 협력하여 새로운 아이디어를 탄생시키기란 어려울 것이다.

업무의 효율화와 편의성이라는 면에서 AI의 공헌도는 매우 커지겠지만, 인류 전체가 이룩해온 진화의 역사라는 관점에서 볼 때 미래를 향해 공동체로서의 사회 전체를 발전시켜가는 힘은 결국 인간만의 것이라고 생각하는 것이

타당하지 않을까?

이세돌의 78수가 의미하는 것

직업이라는 것이 애초에 '사람 대 사람' 즉 '사람의 생각을 실현하는' 방향으로 향한다고 보면, AI가 완전히 대체할 수 있는 일은 극히 드물 것이다. 그보다는 AI를 활용하기 쉬운 직업과 활용하기 어려운 직업이 있다는 정도로 정리할 수 있지 않을까 싶다.

여기서 필자는 '어떤 사고방식을 가진 사람이 AI로 인해 도태되기 쉬울까?'라는 점에 주목하고자 한다.

지식과 데이터를 활용한 논리적 사고에 있어 인간은 결코 AI를 대적할 수 없다. 지금껏 지식과 논리적 사고만을 무기로 삼아온 인재 앞에 AI라는, 넘어설 수 없는 경쟁자가 가로놓이게 되는 것이다. 우리 사회에서 지식과 논리에 강한 이들을 꼽자면 다름 아닌 고학력 인재, 입시 엘리트라 불리는 사람들이다. 그들이 제일 먼저 AI에 의해 도태된다니, 참으로 아이러니한 일이다.

그렇다면 반대로 이 AI 시대에 정말 필요한 인재는 어떤 사람들일까?

여기서 시간을 조금 거슬러 올라가보자. 2016년 구글이 개발한 '알파고'라는 컴퓨터 프로그램이 당시 최강이라 불리며 국제 대회 18회 우승을 이어온 바둑 기사 이세돌 9단과 대국해 4승 1패로 승리를 거두었다. 가장 오랜 역사를 지닌 보드게임, 무한에 가까운 수가 존재하는 바둑 세계에서, AI가 인류의 예지叡智라 해도 좋을 기사를 격파한 것이다. 이 사건은 크게 보도되어 사람들에게 충격을 주었다.

알파고는 방대한 숫자의 인간 간 온라인 대국을 데이터로 저장하고 이를 이용해 자율적으로 학습하는 알고리즘을 갖춘 프로그램이다. 이 프로그램은 특히 다른 버전과의 대전을 통해 자체적인 재학습과 수정 작업을 이루어냈다는 점이 특출했다.

그러나 필자가 이 대국에서 주목하는 것은 바로 알파고의 '1패' 부분이다. 방대한 데이터와 거기서 도출한 완벽한 알고리즘, 반복된 자가 학습과 논리적인 전략으로도 인간을 이기지 못했다는 점 말이다.

3연패를 한 이세돌 9단은 4국의 78수에서 전례가 없는 매우 독창적인 한 수를 두면서 대국을 승리로 이끌었다. 알파고의 엄청난 프로그램으로도 예측할 수 없었던, 그야말로 있을 수 없는 한 수, 확률이 0에 수렴하는 한 수였다. 이세돌 9단은 과거의 모든 경험들로 구축된 기억 네트워크에 연패했던 세 대국의 데이터를 반영하여 뇌 전체를 연결했다. 그 덕분에 이전까지 나오지 않았던 한 수를 '창조'했던 것이다. 이 '신의 한 수'로 이세돌은 AI를 앞지를 수 있었다.

원래 바둑은 직관적인 판단이 요구되는 복잡한 게임이고, 따라서 이 세계 챔피언은 직관에 강한 사고 회로를 갖추고 있었을 것이다. 반면 AI는 과거의 방대한 데이터로부터 승률을 높일 다음 한 수를 계산할 수 있었을지언정, 지금껏 경험한 적 없는 한 수에 대한 적절한 대응은 취할 수 없었다는 뜻이다.

바로 여기에 AI 시대를 살아가는 현대인의 사고법을 위한 힌트가 있다.

전례가 없는 사태를 맞이했을 때는 그 사건의 '의미'를 생각하고 과거의 의미 기억 네트워크에 반영해 새로운 해석을 추가하는 직관적 사고가 매우 중요해진다. 또한 그에 따라 판단을 유연하게 바꿔나갈 수 있는 사람이 이 AI 시대에는 점점 더 필요해질 것이다.

바둑이 복잡하다고는 해도, 결국 정해진 규칙 안에서 한 사람과 대전하는 게임이라는 사실에는 변함이 없다. 많은 요소로 구성된 현실 사회에서 불특정 다수를 상대로 전개하는 활동은 사실 이와 비교도 되지 않을 만큼 복잡하다. 여기서 승리하려면 과거의 학습 데이터를 뛰어넘는 독창성을 갖추어야 한다. 그리고 창조성에서 얻은 새로운 경험 또한 네트워크에 추가해 끊임없이 그 연결의 형태를 바꿔나갈 수 있는 힘이 필요하다.

그것을 만들어내는 방법이 바로 뇌를 광범위하게 사용하는 직관적 사고다.

결국 무엇을 하고 싶은가

다시금 강조하자면, AI는 신체를 갖지 않으므로 정동이 만들어지지 않는다.

정동은 공포나 분노의 대상과 직면했을 때의 생존을 건 긴급 대응이기도 하지만, 그 못지않게 중요한 특징이 있다. 정동 기억과 연결된 경험지가 '무엇을 하고 싶은가?'와 같은 욕구를 불러일으킨다는 점이다.

어떤 것에 대해 '쾌'의 정동이 작동하는지에 따라 한 사람의 취향이 결정되며, 이는 '무엇을 하고 싶은가?'를 결정하는 요소로 작용한다. 정동이 불러일으키는 기쁨이야말로 개인에게 즐거움을 주며, 노력과 실패를 거듭하면서도 그것을 계속하게 하는 추진력을 제공한다.

불확정적인 요소가 많은 것에 관해 의사 결정을 할 땐 이 지향성이 더욱 중요해진다. 예를 들어 집을 구입해야 한다고 생각해보자. 근방의 주택 시세 외에도 자신의 업무와 예상 수입, 대출금리, 이웃, 주변 지역의 개발 양상 등 예측하기 어려운 고려 사항들이 많다. 당연하게도 데이터만 가지고 이론적으로 결정해봐야 올바른 답은 나오지 않을 것이다.

주택 구입에 대한 의사 결정을 예로 든 것은 그것이 정동과 관련된, 그러니까 '나는 어떻게 하고 싶은가?'라는 질문이 지대한 영향을 미치는 문제이기 때문이다. 다들 결국은 '이 집이 마음에 들어서', '전부터 이 지역에 살고 싶어서', '아이를 위해 좋은 환경을 원해서' 등과 같은 이유로 결정할 것이다.

오랜 세월에 걸쳐 무의식중에 형성된 '나는 어떻게 하고 싶다'라는 정동 기억 네트워크가 최종적인 판단을 좌우하는 것이다.

인간의 뇌는 신체와 연결되기에 식욕이나 성욕, 인정 욕구 등을 느끼고, 선호하는 유형의 사람과 사귀기를 원하며, 타인의 인정과 칭찬을 받으면 기분이 좋아 같은 것을 또 하고 싶어진다.

생각해보면 <u>이 기본적 욕구들이 인간의 행동 대부분을 결정하는 셈인데, 당연히 AI에는 신체가 없기 때문에 이런 것들을 원하지 않는다.</u> 또한 인간의 기본적 욕구에는 새로운 것에 대한 추구와 호기심 충족도 포함된다. 이 역시 신체를 갖지 않는 AI에는 존재하지 않는 욕구이며, 따라서 AI가 스스로 나서서 미지의 난제에 착수하는 일도 없을 것이다.

이처럼 정동을 갖지 못한 AI에 지향성은 생겨나지 않는다. '무엇을 위해', '무엇을 원해서' 등 생물로서 가장 중요한 동기는 전부 우리 인간에게만 있다. AI를 무조건 두려워하거나 지나치게 예찬할 필요는 없다. 그보다는 과거의 데이터를 거의 전부 망라해준다는 혁명적인 이 기술을 남김없이 활용하자는 의식을 가지는 편이 좋다.

명확한 목적을 가진 인간에게 AI는 더할 나위 없이 유용한 파트너가 될 것이다. 그러나 반대로 하고 싶은 것이 아무것도 없는 사람은, AI에 일을 빼앗기고 AI에 사용당하게 될지도 모른다.

'생각'은 인간만의 특권

그럼 교육의 측면에서 생각해보자.

지금까지 이야기해왔듯이 인간의 뇌는 이해한 것을 의미 기억으로 축적하는 한편, 각자의 미의식이나 정동 측면에서 필요 없는 기억을 적극적으로 삭제함으로써 고유의 기억 네트워크를 만들어낸다. 그렇게 이루어진 네트워크 안에서 각 기억들의 점을 어떻게 연결하는지가 바로 '생각'이며, 거기서부터 '질문'이 생겨나는 것이다.

반면에 AI는 입력받은 정보를 토대로, 그 의미에 대해 알지 못한 채 그럴듯한 문장을 작성한다. 의미를 이해해야 생각이 가능하고 그 과정에서 문제점도 떠올릴 수 있는데, AI는 의미를 이해하지 못하기 때문에 진정한 '질문'을 던질 수 없다. 질문을 받고 기존의 정보에 따라 '대답'을 출력하는 것이 고작이다.

환경으로부터 새로운 정보를 얻어 그것을 자신의 의미 기억 네트워크에 반영해 새로운 연결을 만들어내는 생각의 과정은 인간의 뇌에서만 가능하다. 표면적으로 엇비슷해 보일지언정 AI가 만든 문장과 인간의 뇌가 만든 문장이 다른 것은 바로 그래서이다.

기억의 점을 연결하여 문장을 만들어내는 일은 생각하는 작업의 하나이며, 그 과정에서 사안의 의미를 재확인함으로써 질문이 생겨난다. 문명의 이기에 의존해 이러한 작업을 소홀히 해서는 안 된다.

생성형 AI 사용이 보편화됨에 따라 인간이 생각하는 작업을 하지 않게 될 경우, 뇌는 어떻게 변화할까?

적어도 교육 현장에서는 아주 위험한 일이 아닐 수 없다. 이미 정답이 있는 문제의 경우 지식을 암기해서 대답하면 되지만, 이 능력만큼은 인간은 AI를 상대로 했을 때 승산이 없다.

다만 의문을 갖는 것은 오직 인간만이 가능하다. 사안의 의미를 이해하고 질문하는 과정의 중요성을 재확인해야 한다.

이를 고려하면 문장 작성에 AI를 활용하는 것은 뇌가 성숙한 18세 무렵을 지나서부터가 적절할 것이다. 자칫하면 10년에서 20년 뒤 생각하지 못하는 인간만 남아 'AI 네이

티브'가 사회의 중심을 담당하고 다들 AI에 이용당하기만 할 뿐 사회의 새로운 발전은 바랄 수 없게 될지도 모른다. 그러나 생각할 수 있는 인간은 AI를 의지할 수 있는 최고의 파트너로 삼아 사회의 혁신을 가속화시킬 것이다.

창조력을 발휘할 때 커다란 장벽이 되는 것이 다름 아닌 집중력이라는 점은 이미 설명했다. AI는 이 집중력이 요구되는 일에서 인간을 해방시켜줄 수 있다. 능숙하게 활용하면 인간의 창조성을 한층 훌륭하게 발휘시키는 유용한 도구로 자리매김할 것이다.

인간은 생각하기 때문에 인간이다. AI 네이티브 시대에는 그 점을 제대로 이해하고 있어야 한다.

KEY POINT

- 인간의 뇌는 자극과 출력이 일대일로 이루어지는 AI와 달리 방대한 기억들이 3차원 네트워크로 연결되어 초병렬형 처리가 가능하다. 이 과정에서 예기치 못한 창조성이 탄생하는 것이다.

- AI는 신체를 통해 받아들이는 무궁무진한 자극을 경험하지 못하고, 망각 기능이 없으며, 정보를 선택할 수 없다는 점에서 한계가 명확하다.

- 상대방을 배려해 사회성 높은 판단과 행동을 하는 것은 인간만의 고유한 능력이요, 사회 전체를 발전시키는 원동력이기도 하다.

- 지식과 논리는 AI에게 대체되기 쉬운 능력이므로, AI 시대에는 뇌 전체를 연결함으로써 직관과 창조성을 높이는 훈련이 필수적이다.

6장

오감 자극은
뇌를 확장한다

일상에서 직관력을 키우는 법

'좋은 기억'이 뇌를 활성화한다

지금까지 사안을 결정할 때는 데이터를 분석하여 그것만을 토대로 판단하기보다 직관적 사고에 의지하는 것이 더 효과적이라는 점을 살펴봤다.

직관력의 원천은 뇌에 넓게 축적된 의미 기억이다. 여기서 다시금 강조해두고 싶은 것은, 나이를 먹으며 축적된 의미 기억들이야말로 뛰어난 직관력을 발휘하는 핵심 요소라는 사실이다.

물론 나이가 어린 이들 중에도 직관력이 뛰어난 사람이

있고, 사실상 혁명적인 발상은 젊은이들의 특권으로 여겨지기도 한다. 이는 여분의 지식이나 기억이 상대적으로 적어 특정 사항에 대해 특출난 직관을 발동시키는 경우로, 매우 뛰어난 재능을 가진 일부 사람들에게 가능한 일이다.

그러나 특출한 재능이 없는 평범한 사람이라도 뇌를 어떻게 사용하느냐에 따라 뛰어난 직관에 도달할 수 있다. 그러기 위해서는 어떤 점에 유의하면 좋을까?

당연하게도 직관이라는 것은 "자, 직관을 만들어보자!"라 마음먹고 노력해서 얻어지는 것이 아니다. 평소의 준비와 목적의식, 그리고 생각하기 시작했을 때의 사고법이 중요하다.

그렇다면 더 뛰어난 직관에 도달하기 위한 '사고법'이 무엇인지 살펴보자.

제일 먼저, '좋은 기억'을 축적하는 것이 중요하다. 축적된 경험에 따라 다음 경험에서 무엇을 기억에 포함시킬지가 결정되기 때문이다. 이는 연쇄반응과 같다. 좋은 경험이 좋은 기억을 만들고, 그것이 다음의 좋은 기억을 불러오게 된다.

여기서 주의해야 할 것은 좋은 기억의 의미다. 특별한 성과만이, 혹은 사치스러운 경험이나 남들이 부러워할 법한 일들만이 좋은 기억은 아니다.

중요한 것은 그 과정이다. 앞 장에서 AI와 우리의 뇌를 비교하며 설명했지만, '무엇을 하고 싶은가?'라는 목표를 갖고 항상 이를 확인하면서 그때그때 최대한의 노력을 하는 가운데 쌓인 경험이야말로 좋은 기억이라 할 수 있다. 그러한 경험은 기억 네트워크에 남고, 다음의 좋은 경험을 불러온다.

결과가 좋든 나쁘든, 본질적으로는 아무런 차이가 없다. 경험이 계속되는 것이 중요하며, 결과도 과정의 하나라 생각하면 어느 쪽으로 굴러가든 좋은 기억이 되어 훌륭한 직관으로 이어진다. 이러한 경험과 기억의 축적에는 어느 정도 시간이 걸리기 마련이다. 결국 좋은 기억의 축적은 자신이 원하는 것을 계속하는 가운데 조금씩 실현할 수 있다는 뜻이다.

또한 그 경험은 분야를 가리지 않는다. 오늘날 업무라 불리는 일은 물론이요 취미도 마찬가지다. 계속 몰두하기 위해서는 그 대상이 좋아하는 것이나 즐거운 것이어야 한다. 일의 내용이나 직책이 바뀔지 모를 업무보다는 취미가 일관성이라는 점에서 더 좋은 효과를 발휘할지도 모른다.

골프나 테니스 같은 스포츠, 우표 수집이나 곤충채집, 사진 촬영, 옛길 답사 등 어떤 세계라도 빠져들면 즐겁고, 몰입할수록 적극적으로 극복하고 싶어지는 벽을 맞닥뜨리게 된다. 어려움을 극복하면 좋은 기억이 뇌 내의 네트워크를 한층 풍부하게 만들어줄 것이다.

취미는 인생뿐 아니라 우리의 기억 네트워크를 풍요롭게 한다. 하물며, 만약 업무 속에서 취미와 같은 즐거움을 찾아낼 수 있다면 더욱 행복할 것이다.

직관에 나이의 벽은 없다

의미 기억의 축적이 뛰어난 직관력을 발휘하는 데 필수 요소라는 점은 직관력이 가장 예리한 시기가 바로 '지금'이라는 뜻이기도 하다. 인생의 경험은 '지금' 각자의 최대치에

달해 있을 것이니 말이다. 나이를 먹으면서 일이나 취미에 진지하게 몰두하면 할수록 그 사람만의 좋은 경험이 더 많이 축적된다.

그러나 현실은 그리 단순하지 않다. 나이를 먹으며 우리의 뇌에는 변화가 일어난다. 뇌는 살아 있고, 따라서 새로운 경험을 남기는 동시에 뇌세포의 죽음에 따라 의미 기억의 네트워크를 조금씩 잃어가기 마련이다.

유감스럽게도 이것만은 우리가 어찌할 수 없다. 진화한 뇌는 전신의 20퍼센트에 해당하는 대량의 에너지를 소비하는 '가장 사치스러운 장기'이자, 그 대사 부하와 산소 소비에 따른 활성산소의 영향으로 인해 '가장 유지하기 어려운 장기'이기도 하다.

특히 자연계의 원리를 찾아내는 과학 분야에서는 비교적 젊을 때 직관력을 발휘하기가 쉽다. 아직은 적은 양의 의미 기억이 적다는 바로 그 이유로 뇌 내의 네트워크가 매우 효율적인 연결을 이루는 경우가 있기 때문이다.

그러나 과학 분야에서도 뇌의 성숙이 필요한 경우는 종종 찾아볼 수 있다. 아인슈타인은 26세 때 특수상대성이론을 발표했지만, 그 발전형인 일반상대성이론을 완성하기까지는 이후 10년이라는 시간을 필요로 했다. 자기만의 분야에서 매일 연구를 하고, 시행착오를 겪고, 깊이 생각하고, 그러한 경험에서 생겨난 의미 기억 네트워크를 통해 직관을 만들어낸다는 점에서는 천재라 불리는 사람들도 우리와 큰 차이가 없다.

장기라는 매우 냉철한 승부의 세계에서도 경험은 커다란 의미를 갖는다. 일본의 프로 장기 기사 하부 요시하루 명인은 저서 『결단력』에서 다음과 같이 이야기했다.

"직감의 70퍼센트는 옳다. 그때껏 경험하고 배양해온 수많은 것들이 뇌의 무의식 영역에 가득 차 있다가 어느 순간 떠오르는 것이다."

대국 하나하나에 전력을 기울이며 그 승패 중에 쌓아온 경험들이 지금 눈앞의 국면에서 최적의 수를 계시하는 셈이다.

<u>중요한 것은 매 대국에서 최대한의 노력을 기울이는 것, 또 그것이 어떻게 승리나 패배로 이어졌는지 이해하는 것, 각 수의 의미를 알고 뇌 전체에 축적된 의미 기억 네트워크</u>

에 제대로 반영하는 것이다. 하부 명인이 50세를 넘긴 지금도 일선에서 활약하고 있다는 사실은 직관이 나이에 의해 제한되는 것은 아니라는 점을 보여준다.

장기뿐 아니라 이 복잡한 인간 사회에서의 행동방침에 관한 문제에도 직관은 지대한 영향을 끼친다.

매사추세츠 공과대학의 아줄레[Pierre Azoulay] 교수 연구 팀이 창업가들의 상황을 분석한 결과, 30대에 창업을 한 이들보다 50대 이후에 창업한 이들이 더 높은 성공률을 보였다. 어느 정도 나이를 먹은 창업가 쪽이 하고 싶은 것을 추구하는 과정에서 풍부한 경험을 축적하고 언어화할 수 없는 직관력을 통해 일을 성공으로 이끌었으리라 여겨진다.

50세를 넘긴 나이에 창업을 한다는 것은 실로 조심스러울 수밖에 없는 일이다. 그러나 창업에서 젊음은 성공의 필수 요소가 아니었다. 창업자, 혹은 조직의 리더로서 많은 사람의 생각을 하나로 모으는 데는 균형 잡힌 직관력이 필수적이기 때문이다. 나이를 먹으며 성공과 실패를 포함하여 풍부한 경험을 만들어온 사람이 창업이라는 승부처에서 살아남을 수 있다.

한마디로, 뛰어난 직관력을 얻기 위해서는 좋은 경험에 뒷받침된 의미 기억의 축적과 기억 간의 네트워크 구축만큼이나, 그 풍부함도 중요하다. 이해하여 획득한 의미 기억에 관해서는 나이를 먹음에 따라 잃는 부분보다 축적되는 부분이 더 우세해진다는 사실도 밝혀진 바 있다.

노화라는 제약 속에서도 직관력은 향상될 여지가 있다. 이를 위해서는 업무나 취미의 영역에서 자신이 원하는 것을 추구하는 가운데 노력하고, 경험을 쌓고, 이해하여 그 과정을 의미 기억으로 축적하는 것이 중요하다.

분야에 따라 젊은 사람에게 유리한 것과 나이를 먹은 이들에게 용이한 것이 구분되어 있는 것은 사실이다. 다만, 계속 몰두해서 좋은 경험을 축적하는 노력으로 생겨나는 직관력에는 나이 제한이 없다는 점을 명심하자.

"왜"라는 질문을 던지자

지금껏 직관력을 발휘하기 위해 풍부한 기억 네트워크가

필요하다는 점을 강조해왔다. 그러나 뇌에 축적할 수 있는 기억의 양에는 한계가 있다(필자의 저서 『잊어버리는 뇌력忘れる脳力』 참고).

그렇다면 무엇을 기억 네트워크에 남겨야 좋을까? 우리는 매일 일상을 살아가며 여러 일들을 경험하고, 미디어나 인터넷을 통해 전 세계에 넘치는 정보들을 받아들이다. 만일 그것들을 전부 기억해야 한다면 우리의 뇌는 터져버리고 말 것이다.

살아 있는 세포에서 만들어진 인간 뇌의 특별하고도 중요한 특징으로 망각의 능력을 꼽은 바 있다. 아닌 게 아니라, 망각은 창조로 이어지는 중요한 포인트라 할 수 있다.

우리는 어렸을 때부터 많은 시험을 치렀다. 수업에서 배운 것, 교과서에 적혀 있는 것 등을 어떻게 기억에 남기고 대답할 수 있는지가 관건이었다. 학교에서 시험을 치기 전에는 단어장과 요약 노트를 만들어 그것을 몇 번이나 훑어봄으로써 뇌의 뉴런에 전기를 흘려보내고 시냅스 가소성을 강화한다. 이는 물론 필요한 노력이지만 시험이 끝나면 곧바로 사라져버린다.

그렇다면 어떻게 해야 인생의 재산이 될 만한, 즉 개인의 기억 네트워크에 제대로 추가되는 기억을 만들 수 있을까? 정보를 접했을 때 기억에 남겨야 하는 것과 잊어버려도 되는 것은 어떻게 구분할까?

여기서 중요한 점은 정보의 지엽적인 부분을 잘라내고 늘 그 본질을 보도록 노력해야 한다는 것이다.

"무엇이 본질인가?"라는 질문에 대해 물론 쉽게 정답을 내놓을 수는 없다. 다만 매일 경험하고 유입되는 정보들에 대해 항상 "왜?"라는 질문을 던지며 생각하는 일이 중요하다.

질문의 내용은 구체적이어도 좋지만, 그보다는 추상화된 질문이 깊이 있는 사고로 이어지는 보다 효과적인 통로가 된다. 그런 다음 생각하고, 생각하고, 또 생각해서 그 결과 납득할 만한 대답을 도출하는 것이다. 그러한 대답이 본질에 보다 가까우며, 기억 네트워크에도 잘 남는다.

질문의 중요성은 바로 여기에 있다. 사고의 전제나 과제에 대해 늘 의심의 눈을 향하고 질문을 던져야 뛰어난 직관을 얻을 수 있다.

시험공부의 사례에서 언급했듯이, 많은 생각 없이 암기한 정보는 기억 네트워크에 남기 어려워 금세 사라져버린다. 생각의 결과로 남은 기억, 그것이야말로 그 정보의 '본질'에 가깝다는 점을 다시금 강조하고 싶다.

만인에게 공통되는 사안의 본질이라는 것은 아마 존재하지 않을 것이다. 각각의 사람이 깊이 생각하여 만들어낸 각각의 본질이 있을 뿐이다. 그리고 그 사람이 쌓아 올린 기억 네트워크가 지금까지 없었던 방식으로 연결되는 순간, 그것이 바로 창조의 시작이다. 이는 그 사람만이 떠올릴 수 있는 것이다.

본질을 보는 방법은 특별히 어렵지 않다. 늘 스스로에게 "왜?"라고 물으며 일상을 살다 보면 그 노하우를 조금씩 깨우치게 될 것이다.

"왜?"라는 질문은 일반화와 추상화를 동시에 이루며 과제의 상류를 향해 나아가는 길이자, 사안의 본질에 가까워지는 방법이라고도 할 수 있다.

대화는 당신의 세계를 확장한다

타인과의 대화는 자기 안에서 고정되어버린 관점을 움직임으로써 새로운 발상을 불러일으키는 좋은 계기가 될 수 있다. 평소와 다른 관점을 갖는 것이 쉬운 일은 아니지만, 대화는 이를 보다 수월하게 한다.

자신과 전혀 다른 경험을 쌓아온 타인의 뇌와 적극적으로 정보를 주고받으면 자극과 동시에 새로운 발견이 찾아오고, 이러한 과정은 우리의 뇌를 변화시킨다.

우리는 종종 인간관계를 원활하게 만들기 위한 수단으로써 대화를 이용한다. 하지만 남의 의견을 듣는 행위에는 그보다 본질적인 의미가 포함되어 있다.

바로 무의식중에 새로운 기억 간의 연결을 얻는다는 점이다.

누군가와 대화를 나눈다고 생각해보자. 두 사람은 각자 살아오는 동안 전혀 다른 경험을 해왔을 것이며, 따라서 같은 사안에 관한 것이라 해도 그 의미 기억은 혼자일 때보다 두 배로 많아질 것이다. 더하여 서로 의견을 교환하며 새로운 관점을 얻게 되니, 각자의 의미 기억 네트워크는 지금까지와 다른 방식으로 연결된다. 결과적으로 뇌 내 네트워크가 두 배 이상으로 활성화되는 것이다. 이렇게 대화는 본질에 보다 가까운, 그리고 더 많은 사람을 납득시킬 만한 판단으로 이어진다.

타인의 의견을 듣고 새로운 관점을 얻는 행위는 자신의 뇌에 잠든 방대한 의미 기억 네트워크를 깨우는 데 가장 효과적인 수단이다.

여기서 중요한 것은 남의 의견을 있는 그대로 듣고, 수긍했다면 받아들이는 자세다. 무의식중에 자신의 사고방식이 달라졌을 경우에는 고집부리지 않고 뇌의 새로운 목소리를 따라야 한다.

대화를 통해 서로 유용한 정보를 교환할 수 있다는 장점과는 별개로, 언어를 교환한다는 행위 자체에 중요한 의미가 있다고 주장하는 연구도 나와 있다.

'사회적 뇌 가설'로 유명한 로빈 던바Robin Dunbar는 인간이 언어를 주고받는 행위가 다른 영장류의 털 고르기와 같은 의미를 갖는다고 주장했다. 원숭이나 고릴라에게 털 고르기는 개체 간의 신뢰를 확인하는 행위이자 이타적·사회적인 행동의 하나로 여겨진다. 인간은 서로의 털을 골라주는 대신 언어를 주고받음으로써 개체 간의 양호한 관계를 효율적으로 유지할 수 있다는 것이다.

즉, 대화는 새로운 관점과 정보뿐 아니라 정신적인 안정을 가져다주는 중요한 기능을 한다. 물론 이 가설이 전적으로 옳은 것인지 확신할 수는 없지만, 어쨌든 타인과의 대화가 정서적 안정을 가져다준다는 사실을 우리는 경험으로 알고 있다.

한편 대화의 효과는 그 상대가 인간이 아니더라도 유효할 수 있다. 최근에는 능수능란하게 언어를 구사하는 고도의 AI가 출현해 급속도로 보급되고 있지 않은가. 대화가 우리 뇌에 깨달음의 계기를 만들어준다면, 그 상대가 반드시 인간일 필요는 없을지도 모른다. AI는 인간보다 훨씬 많은 지식을 갖고 있으며, 따라서 AI와의 대화 역시 우리에게 깨달음을 줄 것이다.

결국 대화형 AI에는 인간의 능력을 끌어올려줄 가능성이 잠재되어 있다는 뜻일까?

여기서 하나의 조건을 지적해두고자 한다. AI가 그 자체의 지향성과 개성을 지녀야 한다는 점이다. 한 개인만을 상대로 대화하는 AI의 경우, 그의 취향에 맞추어 대화를 전개하는 경향이 있다. 그렇다면 흔히 대화에서 얻을 수 있는 이점은 사라진다. 적어도 현시점에서는 AI에 지향성이 있다고 말할 수 없다.

새로운 깨달음을 불러일으키고 상상력을 키워주는 것은 어디까지나 자신과는 전혀 다른 개성과의 대화라는 점을 기억하자.

산책으로 오감을 자극하라

직관으로 이어지는 사고방식을 넘어, 이번에는 직접적으로 기억 네트워크를 움직이는 뇌의 사용법에 대해 알아보고자 한다. 앞서 3장에서 설명한 '오감 활용'이 커다란 힌트가 될 것이다.

우리가 직관을 얻기 위해 실천할 수 있는 최선의 방법은 뇌에 다양한 지각 자극을 주는 것이다. 오감에는 시각과 청각, 촉각 등 체성감각에 의한 자극, 그리고 후각과 미각 자극이 포함된다. 이것들을 종합적이고 균형적으로 뇌에 전달하는 방법 중 가장 좋은 것은 바로 산책이다.

길거리라면 오가는 사람들이나 자동차, 가게나 건물 등이 시각 정보로 들어온다. 사람들의 말소리는 물론 자동차와 전철 등의 소음도 뇌를 자극한다. 자연 속은 어떤가. 바다와 하늘, 햇빛을 받아 시시각각 변화하는 강 수면의 빛깔, 나무의 녹음과 계절별로 피는 꽃, 바람과 파도 소리, 새와 동물의 울음소리 등 세상은 언제나 신선한 놀라움으로 가득 차 있다.

그뿐만 아니라 공기의 느낌, 뺨을 쓰다듬고 땀을 식혀주는 상쾌한 바람 등 TV나 스마트폰 화면에서는 절대 느낄 수 없는 감각이 전신의 피부 지각을 통해 뇌에 전달된다.

이것들 모두 뇌를 자극하여 생각지도 못한 방식으로 기억들을 연결하는 계기가 된다. 산책을 통해 분산계가 활성화하는 것이다.

또한 산책을 하면 손발의 근육이 적당하게 사용되고, 감각계의 일부인 위치각의 자극이 뇌에 전해지며, 심장이나 폐로부터 들어오는 지각 자극도 뇌에 도달한다. 근육에서 만들어지는 다양한 세포 성장 인자도 뇌를 활성화하는 작용을 한다. 근육은 뇌세포를 보호하고 그 성장을 돕는 물질의 제조 공장이라 해도 좋다.

일본을 비롯한 여러 나라에는 '철학의 길'이라는 것이 존재한다. 특히 임마누엘 칸트Immanuel Kant나 게오르크 헤겔Georg Wilhelm Friedrich Hegel 등이 자주 산책한 곳으로 알려진 독일 하이델베르크가 유명하다. 교토에도 이런저런 철학자들뿐 아니라 오늘날에도 관광객들이 자주 찾는 '철학의 길'이 있다. 사시사철 경치가 변화하는 아름다운 오솔길로, 그곳에 가면 비와코 호수에서 뻗어 나오는 수로를 바라보면서 산책을 즐길 수 있다. 아름답고 변화무쌍한 경치 속을 느긋하게 걸으면서 사색하는 시간이 새로운 발상을 만들어낸다는 점을 사람들은 오래전부터 깨닫고 있었다.

1967년에 미국의 심리학자 길퍼드Guilford에 의해 고안된 대체 용도 과제Alternate Uses Task, AUT라는 검사법이 있다. 뇌 내에서의 '다양한 사고방식'을 검출하기 위해 사용되는 방법이다.

이를 이용한 연구 중 눈에 띄는 성과로, 걷고 있을 때와 앉아 있을 때 사고의 다양성이 어떻게 변화하는지에 대한 내용을 꼽을 수 있다. 바깥을 걷고 있을 땐 방 안에 앉아 있을 때에 비해 사고의 다양성, 즉 창조성이 무려 81퍼센트나 증가하는 것으로 나타났다. 또한 이 연구에서는 집 안을 걷는 경우나 바깥을 휠체어로 움직이는 경우도 함께 검토되었는데, 그중 바깥을 걷는 행위가 창조성을 가장 많이 끌어낸다는 사실이 밝혀졌다.

그 밖에도, 기존의 사고방식에 근거하여 새로운 사고방식을 만들어내는 '유추적 사고 analogical thinking'의 힘이나 기억을 의식의 표면으로 끌어내는 힘이 산책을 통해 증강된다는 사실은 많은 연구를 통해 밝혀진 바 있다.

한편 의대생에게 복잡한 증상을 보이는 환자의 데이터를 보여주고 '앉아 있을 때'와 '방 안을 걷고 있을 때' 그 진단 능력이 어떻게 다른지 조사한 연구도 이루어졌다.

과연 어떤 결과가 나왔을까?

이 경우 통계학적인 차이는 발견되지 않았다. 창조성의

증가 여부는 확인하지 못했을지라도 걷기가 사고방식을 다양화하는 데 영향을 미친다는 사실을 알 수 있었다. 더하여 '걷는다'는 행위뿐 아니라 '바깥으로 나가는 것'에 의한 지각 자극이 매우 중요한 역할을 한다는 점도 확인할 수 있었다.

이러한 연구들과 관련하여 또 한 가지 재미있는 결과를 소개하고자 한다.

협상을 할 때 앉아서 하는 경우와 함께 걸으면서 하는 경우의 차이에 대한 조사가 있었다. '협상의 성립'이라는 점에서 봤을 때는 큰 차이가 없었지만, '서로에게 느끼는 호감'이라는 측면에서는 걸으면서 하는 경우의 점수가 높았다. 실내에서 얼굴을 마주 보고 이야기하기보다 바깥에서 어깨를 나란히 하고 같은 방향으로 걸으면, 마치 공동 작업을 하는 것처럼 유대감이 느껴지고 공감적인 관계가 잘 구축된다는 뜻이다.

이처럼 야외에서 얻는 다양한 지각 자극과 걷는 동작이 가져다주는 효과 모두 창조성을 높인다. 그 두 행위를 아우른 산책이라는 행동은 더없이 좋다. 산책은 긍정적인 감정을 가져올 뿐 아니라, 분산계를 활성화해 사고방식에 다양성을 준다.

지각 정보의 80퍼센트, 시각의 중요성

오감 중에서도 시각 자극이 차지하는 비율은 매우 크다. 3장에서도 소개했지만, 시각은 인간의 지각 정보 가운데 무려 80퍼센트를 차지한다.

눈동자에서 포착된 빛은 시신경 등의 시로視路를 통해 후두엽에 있는 1차 시각야에 도달한다. 그 시각 정보는 다시 후두엽에서 측두엽으로 향하는 복측 경로에 의해 기억과 조합되고, 동시에 두정엽으로 향하는 배측 경로에 의해 운동의 제어에 관여한다.

말하자면 뇌의 넓은 범위가 시각 정보를 분석하고 활용하는 데 개입하는 것이다.

뇌신경외과 분야에서 환자의 의식 상태를 평가할 때 '눈이 떠져 있는지'가 큰 요소로 작용하는 것도 바로 그런 까닭이다. 눈을 뜨고 있다는 건 뇌의 넓은 범위가 자극을 받아 활성화하고 있다는 뜻이다.

특히 최근의 연구에서는 1차 시각야의 후두엽과 분산계의 허브인 설전부가 양쪽 방향으로 긴밀하게 정보를 교환하고 있다는 사실이 밝혀졌다. 시각의 중요성이 새삼 확인된 셈이다.

인간의 인지 활동은 뇌에 축적된 기억인 내부 세계의 정보와 시각 정보를 중심으로 바깥 세계로부터 들어오는 지각 정보가 통합되는 과정을 통해 심화된다.

예를 들어 차폐물로 일부가 가려진 물체를 인지한다고 생각해보자.

이때 다른 영역을 동일한 물체로 간주하기 위한 인지 처리가 필요하며, 이는 과거에 경험했던 시각 정보에 관한 다양한 기억을 토대로 이루어진다. 더하여 우리는 해당 물체의 주변 상황까지 포함하여 '그것이 무엇인가?'를 종합적으로 판단하게 된다. 뇌를 광범위하게 사용함으로써 과거의 기억을 동원하고 새로운 시각 정보를 정밀하게 분석하지 않으면 정답에 도달할 수 없다.

시각 정보의 한계이자 커다란 특징이 있다. 정보량이 워낙 풍부한 까닭에 주의를 기울인 정보만 받아들여진다는 점이다.

주의를 기울이지 않은 정보는 중계점인 시상에서 필터링 되어 대뇌피질까지 도달하지 않는다. 이는 청각 정보에서도 동일하게 일어나는데, 여러 소리가 뒤섞여 혼잡한 상황에서 옆 사람과 대화가 가능한 것이 바로 그러한 작용 때문이다. 그러나 시각의 경우 이 기능이 매우 현저해, 마치 암흑 속을 서치라이트로 비추는 감각에 가깝다고 해도 좋을 정도다.

그래서 산책이 아니더라도 바깥을 걸을 때는 시선을 고정하기보다 어느 정도 주위를 두리번거리며 관찰하는 습관이 바람직하다. 전철 안에 있을 때도, 주변 사람들이 수상하게 생각하지 않을 정도로 이리저리 시선을 움직여보자.

누구든지 눈을 뜨고 있을 때는 대량의 시각 정보를 받아들이는 셈인데, 자칫 서치라이트에 비친 부분에만 주목하면 뇌의 일부만이 활성화하고 만다. 특히 걸으면서 스마트폰을 보는 행위는 안전상 위험하기도 하지만, 멋진 정보로 가득 찬 바깥 세계를 차단해버리는 매우 아까운 행동이라 할 수 있다.

예술 작품이 불러일으키는 직관

시각 자극이 직관을 얻는 데 효과적이라는 점을 설명했으니, 그 응용편으로 예술 작품의 활용에 관해 살펴보자.

조금 전 '서치라이트' 효과의 부정적인 영향에 대해 이야기하긴 했지만 물론 예외도 존재한다. 특히 예술 작품 같은 경우는 잠시 우리의 주의를 독점하기에 충분한 가치가 있는 대상이다.

뉴욕은 세계경제의 중심이자 예술의 도시이다. 세계 3대 미술관 중 하나로 꼽히는 메트로폴리탄미술관을 필두로 5번가에 자리한 구겐하임미술관, 현대 예술계에서 가장 권위 있는 곳으로 꼽히는 현대미술관MoMA 외에도 휘트니 미술관, 뉴 뮤지엄 등등 많은 미술관들이 뉴욕에 모여 있다.

비교적 좁은 곳에 이 정도 규모의 미술관이 집중되어 있는 까닭은 무엇일까? 이 질문에 명확히 대답할 수는 없지만 필자 나름의 가설이 있다. 경제 분야에서 치열하게 경쟁하고 늘 독창적인 판단을 요구받는 일류 사업가들에게 있어 미술관에서 예술 작품을 감상하면서 보내는 시간이 무엇보다도 중요하기 때문은 아닐까?

기능적 MRI로 사람이 회화를 볼 때 뇌의 어느 부위가 활성화하는지를 조사한 결과, 회화의 종류에 따라 반응하는 부위가 다르다는 사실이 밝혀졌다.

인물화를 볼 때는 편도체와 측두엽 하면의 방추상회fusiform gyrus라는 부위가 활성화했다. 사람의 얼굴 형태에 특이하게 반응하는 뉴런이 존재하는 곳이다. 한편 풍경화를 볼 땐 해마가, 정물화의 경우에는 시각의 중추인 후두엽이 활성화했다.

그러나 이러한 변화들은 회화를 짧은 시간 바라봤을 때의 결과다. 뛰어난 회화, 그리고 개인의 취향에 맞는 회화를 오랜 시간 감상할 경우에는 최종적으로 분산계가 활성화하여, 그때껏 의식된 적 없는 기억이 일깨워지는 감각을 맛보게 된다.

그림을 보며 우리는 다양한 방식으로 상상력을 발휘한다. 이 화가는 왜 이 그림을 그렸을까? 그 의미는 뭘까? 그림에 그려진 길 건너편에는 무엇이 있을까? 창문 너머에는 누가 있을까? 이 사람은 왜 이곳에 서 있을까?

회화에 담긴 세계가 내 안에서 새롭게 펼쳐지는 것이다. 이때 회화는 과거의 기억을 자극하여 예상 밖의 형태로 의미 네트워크를 연결하고, 생각지도 못한 창조성으로 우리를 이끈다.

뛰어난 화가는 특정한 장면, 특정한 풍경에서 '의미'를 찾아냄으로써 창작을 시작한다. 그때 화가는 뇌 안에서 언뜻 무관하게 여겨지는 수많은 기억과 현실에서 보이는 장면을 연결하며, 그 과정에서 자신이 찾아낸 의미를 눈앞의 작품에 반영한다. 애초에 아무런 관계도 없었던 의미들이 서로 연결되면서 그것을 보는 사람의 뇌에 영향을 미치고, 축적된 의미 기억 네트워크를 연결하는 계기로 작용하는 것이다.

지금껏 줄곧 강조해왔듯이 그동안은 연결되지 않았던 기억들이 서로 만나고 새로운 해석과 관점을 만들어내는 것이 바로 직관이다. 회화를 차분히 감상하면 그 자극으로 기억 간에 의외의 연결이 생겨나 직관을 불러일으킬 수 있다. 미술관에서 회화와 마주할 때는 이 점을 마음에 잘 담아두자.

예술 작품으로부터 직관을 얻기 위해서는 그저 바라보는 것이 아닌, 분산계가 활성화할 때까지 천천히 시간을 들여 감상 혹은 관찰하는 것이 중요하다. 전체적인 구조에서 세부에 이르기까지 제대로 관찰하면 일상에서 경험할 수 없는 훌륭한 자극제로 기능할 것이다. 이때 해당 작품의 시대적 배경이나 작가의 특징을 알아두면 의미가 더해지며 기억 네트워크가 한층 강하게 자극받게 된다.

회화 등의 예술 작품을 감상함으로써 뇌에 야기되는 효과는 그뿐만이 아니다.

예술 작품을 아름답다고 느낄 때는 기쁨의 중추가 활성화한다. 회화를 감상하는 동안 보상계, 특히 전두전야 안와면이 강하게 활성화한다는 사실이 많은 연구로부터 밝혀졌다. 전두전야 안와면은 맛있는 것을 먹었을 때의 기쁨이나 성관계의 쾌감을 불러일으키는 부위로, 인간에게 근원적인 기쁨을 제공하는 곳이다. 기쁨 자체가 뇌를 광범위하게 연결한다는 사실은 이미 3장에서 '확장-구축 이론'을 설명하며 밝힌 바 있다.

더하여, 만약 가능하다면 손수 붓을 들어 마음에 드는 풍경을 그림으로 그려보는 것을 추천하고 싶다. 그림을 눈으로 감상하기만 할 때보다 직접 그릴 때 분산계가 더욱 강하게 연결된다는 사실이 밝혀졌기 때문이다. 손을 움직임으로써 운동의 중추도 자극되니, 뇌를 활성화하는 효과가 증가할 것이다.

예술 작품은 뇌 전체에 축적된, 언어화할 수 없는 의미 지식을 일깨우고 그것들을 연결해 직관을 불러일으키는 중요한 계기가 된다.

좋은 향기는 무의식을 깨운다

3장에서 설명했듯이, 여러 지각 가운데 후각만은 시상을 경유하지 않고 기억 회로와 직접 연결된다. 기억과 후각의 정보는 그야말로 밀접하게 연관되어 있는 셈이다.

후각 정보에는 오렌지나 유칼립투스 등의 냄새나 불고기의 육즙 가득한 냄새처럼 대부분의 사람들에게 기분 좋은 것으로 여겨지는 향기, 그리고 썩은 냄새나 체취와 같이 불쾌함을 주는 악취가 있다. 이런 냄새들의 차이는 어떻게 판별될까?

불쾌한 악취는 측두엽 내측부에 있는 1차 후각야를 순식간에 자극해 위험한 짐승이나 유해물을 회피하기 위한 행동을 취하게끔 한다. 위험을 회피하기 위해서는 최대한 짧은 시간 안에 판단을 내려야 하기 때문이다.

반면에 기분 좋은 향기는 비교적 감지하기까지 시간이 걸리며, 1차 후각야뿐 아니라 해마나 전두전야 안와면, 전방 대상회 등 넓은 범위의 뇌를 활성화한다는 사실이 보고되었다. 전두전야 안와면은 기쁨을 만들어내는 신경회로이며, 전방 대상회는 보상의 정도를 평가하는 기능이 있다. 우리는 기쁨의 정동이 뇌를 광범위하게 활성화함으로써 뛰어난 직관으로 이어지게 만든다는 점을 이미 살펴보았다. 종합하자면, 기분 좋은 향기가 기억력과 창조력을 높여

줄 수 있다는 의미다.

실제로 캘리포니아 대학 어바인 캠퍼스의 연구 팀이 피실험자에게 장미, 오렌지, 유칼립투스, 레몬, 페퍼민트, 로즈메리, 라벤더와 같은 향기를 매일 밤 수면 중에 맡게끔 하며 인지 기능의 변화를 조사했다. 이 연구의 뛰어난 점은, 후각이 후각 피질과 직접적으로 이어져 있다는 점에 착안하여 수면 시의 자극으로도 효과를 얻을 수 있으리라 가정했다는 사실이다. 후각 이외의 자극은 시상을 경유하므로 주의를 기울인 지각 정보만을 증강해 대뇌피질로 보내고, 그로써 각성을 유도한다.

실험 결과는 기대대로였다. 귀로 들은 단어를 얼마나 많이 기억하는지 확인하는 검사에서, 후각 자극을 실시한 그룹은 실시하지 않은 그룹에 비해 두 배 이상 많은 단어를 기억했다. 더하여 후각 자극을 받은 피실험자들은 측두엽과 전두엽을 잇는 신경회로가 증강되어 있다는 사실도 확인되었다.

풍부한 향기에 둘러싸인 생활은 인지 기능을 개선하고 뇌를 광범위하게 활성화하여 창조력을 풍부하게 해준다.

수면 중에 실시할 수 있다는 점도 이 방법의 큰 이점으로 작용한다. 게다가 깊고 안정적인 수면으로 이끎으로써 수면의 질을 높이는 효과도 인정되었으니, 그야말로 일석이조라 할 만하다.

일상에서 풍부한 향기를 경험하고 싶다면 앞서 설명한 연구 팀이 실험했듯이 자동 방향기를 사용해 침실을 마음에 드는 향으로 채워보자. 다만 실험 때는 매일 다른 향기를 두 시간 동안 켜두었다는 점을 덧붙여야겠다. 여기서 중요한 것은 '매일 다른 향기'라는 부분이다. 신기하게도 여러 향기를 뒤섞어 방에 채울 경우에는 같은 효과를 얻지 못하는 것으로 나타났다.

후각 자극이 지속되는 시간과 그 강도도 효과에 영향을 주는 요소다. 당연하게도 너무 짧은 시간, 약한 향기로는 큰 효과를 얻을 수 없다. 반대로 향수나 오드콜로뉴와 같은 강한 향기는 개인의 취향에 따라 불쾌감을 유발하기도 하고, 직업상 쓰기 어려운 사람도 많을 것이다.

추천하는 방법은 입욕제를 활용하는 것이다. 필자도 늘 예닐곱 종류의 입욕제를 갖춰두고 매일 다른 것을 사용한다. '오늘은 어느 향기로 할까?' 고민하는 것도 즐거워 목욕 시간이 더욱 풍요로워진다. 앞서 소개한 논문이 발표되기 이전부터 실천하고 있었지만, '매일 다른 향기'라는 점에서도 매우 좋은 방법이었던 셈이다. 단점을 꼽자면, 목욕을 하는 경우에는 향기로 채워지는 시간이 고작 15분에서 20분으로 그리 길지 않다는 점이다. 그럼에도 시도해볼 가치는 있다. 자신이 좋아하는 향기로 채워진 시간이 직관력을 향상시켜줄 것이다.

운동하는 사람의 뇌는 다르다

뇌는 신체의 일부로, 신체와 함께 변화한다. 운동이 뇌에 주는 영향은 다각도에서 연구되고 있으며, 많은 연구자가 '운동이 인지 능력을 개선한다'는 점을 인정한다. 피츠버그 대학의 커크 에릭슨Kirk Erickson 연구 팀은 60대 남녀를 대상으로 러닝머신을 사용한 보행 운동을 실시하게 하여 1년 뒤 기억 시험에서 유의미한 개선을 확인했다.

운동은 뇌에 어떠한 변화를 일으킬까? 그 효용으로 크게 세 가지를 꼽을 수 있다.

첫 번째로, 해마라는 기억을 만들어내는 중추에서 신경 발생neurogenesis이 증가했다는 점이다.

일화 기억과 의미 기억의 많은 부분은 해마에서 신생 뉴런의 관리하에 먼저 단기 기억으로 보존된다. 그중 다시 몇 차례 입력 자극이 반복되면 해당 정보가 대뇌피질로 이동해 장기 기억으로 보존되고, 이와 달리 대뇌피질로 이동하지 않고 해마에 남아 있던 단기 기억은 새롭게 생겨나는 신생 뉴런에 의해 소거된다. 기억 중 선택받은 소수의 정예만이 보존되며, 그에 포함되지 않은 '여분의' 정보는 점차 뇌에서 소거된다고 생각하면 된다.

실험용 쥐를 사용한 연구의 경우, 연구 팀은 해마에서 신경 발생을 늘리기 위한 조작으로 약물 등을 투여하는 대신 쳇바퀴를 이용했다. 쥐는 그 안에서 질리지도 않고 쳇바퀴를 돌렸다. 이후 연구자들은 신생 뉴런만 염색하는 물질을 통해 실험용 쥐의 뇌를 조사하였고, 이내 쳇바퀴를 돌린 쥐의 뇌의 신생 뉴런이 움직이지 않은 쥐의 것보다 훨씬 풍부하게 생성되었다는 점을 확인할 수 있었다.

두 번째로, 운동이 기쁨의 신경회로를 직접 활성화한다는 점을 꼽을 수 있다.

운동과 뇌 혈류의 관계를 조사한 실험에서, 자전거형 피트니스 기구의 페달을 밟으면 기쁨을 만들어내는 중추인 전두전야 내측부와 전방 대상회의 혈류가 증가한다는 사실이 밝혀졌다. 즉, 운동이 기쁨과 만족감을 직접적으로 이끌어낸다는 뜻이다.

인간은 동물이며, 아주 오래전부터 줄곧 몸을 움직임으로써 위험을 피하고 음식물을 구하며 살아남았다. 기쁨의 정동을 불러일으키는 회로는 3세 무렵 완성되지만, 움직임 자체로써 만족감을 느끼는 것은 이보다 앞선 시기, 아마도 태어날 때부터 대부분의 인간에게 갖추어지는 특징일 것이다.

세 번째로, 운동에 의해 근육의 세포 성장 인자가 분비된다는 점을 들 수 있다.

이는 앞서 제시한 두 요인과도 무관하지 않다. 근육이 작동하면 근세포에서 만들어지는 '혈관 내피세포 증식 인자

VEGF'와 '인슐린 유사 성장인자-1 IGF-1'이라는 두 가지 세포의 성장을 촉진하는 단백질이 혈중에 방출된다. 이것들은 뇌에 도달해 대뇌피질이나 해마로부터 '뇌 유래 신경 영양 인자 BDNF'를 분비시키고, BDNF는 뇌세포의 생존을 도우며 세포 간의 연결을 강화함으로써 기억력과 의욕을 높인다. 또한 BDNF는 앞서 언급한 해마에서의 신생 뉴런이 생존하고 성숙해가는 데도 필수적인 물질이다.

즉, 근육과 뇌는 훌륭한 파트너 관계로 맺어져 있다는 뜻이다. 뇌는 주로 전신의 근육을 협조적으로 움직이기 위해 발달해왔고, 근육 쪽에서는 자신을 움직이는 뇌가 제대로 작동하도록 뉴런과 글리아 세포가 생존하기 쉬운 환경을 만드는 데 역할을 했다.

자전거 페달을 밟고 바람을 가르며 달리다 보면 그것만으로도 상쾌함과 행복을 느낄 수 있을 것이다. 몸을 움직이는 것은 맛있는 것을 먹을 때와 비슷하게 긍정적인 정동으로 뇌를 자극한다.

다만 분산계를 활성화하는 운동이란 어디까지나 적절한 수준이어야 한다. 앞서 언급한 커크 에릭슨의 연구에서도 조금 빠른 걸음의 조깅 수준을 권장했다. 시간도 5분부터 시작해 조금씩 늘려가다가 최종적으로 40분 정도에 도달할 수 있도록 신체에 적절한 부하를 주는 수준의 운동이 적당하다. 개인차는 있지만 이를 훨씬 뛰어넘는 가혹한 운동은 오히려 스트레스를 늘리며, 더구나 승패나 기록에 대한 집착은 집중계를 활성화할 수 있다. 긴장을 풀고 상쾌함을 느낄 정도의 가벼운 운동을 추천한다.

창조적인 일은 아침에 하라

대부분의 사람들이 충분한 수면을 취한 뒤 머리가 말끔해지고 생각이 잘 정리된다는 느낌을 받을 것이다. 작가와 같이 창조적인 일을 하는 사람의 인터뷰 기사를 읽다 보면 오전 중에 일이 잘 된다는 이야기를 하는 사람이 많다. 뇌과학의 관점에서 보더라도, 직관을 얻기 위해서는 아침에 작업하는 것이 더 효과적이라고 할 수 있다.

왜냐하면 수면의 역할 중 하나가 바로 '뇌의 유지 보수'

이기 때문이다. 충분한 수면을 취하면 노폐물이 배출되고 에너지와 단백질은 새롭게 보충되어 뉴런이 생생한 상태를 회복한다.

기억의 정착은 야간 수면 시, 특히 논렘수면 중 '서파 수면slow-wave sleep'이라 불리는 깊은 잠 속에서 이루어지며, 기억의 편집 작업은 주로 렘수면 중에 작동한다. 이때 활성화되어 있는 것은 뇌를 넓게 연결하는 분산계다. 즉, 아침에 눈을 뜬 순간은 뇌의 넓은 영역에 축적된 몇 가지 기억에 접근하거나 연결을 교체하는 등의 작업들이 완료된 직후다. 따라서 그 내용이 의식 위로 올라올 확률이 높다. 시간이 경과하면 이렇게 떠오른 기억 간의 새로운 연결이 다시 의식 아래로 가라앉아버린다. 직관이 필요한 일은 가능하면 오전에 시작해보자.

다만, 비록 아침에 작업을 하더라도 잠이 부족한 상태라면 당연하게도 효율은 오르지 않을 것이다. 특히 직관을 얻기 위해서는 충분한 수면이 반드시 필요하다. 수면의 중요성은 아무리 강조해도 지나치지 않으니 보다 구체적으로 살펴보자.

잠을 잘 땐 기억의 정착·편집 작업 외에 노폐물이나 변성되어 불량품이 된 단백질의 배설, 그리고 뇌의 유지에 필요한 단백질의 합성 등이 이루어진다. 앞서 "기억은 단백질로 되어 있다"고 이야기한 바 있는데, 이 기억과 관련된 단백질의 합성도 주로 뉴런의 대부분이 휴식하는 야간 수면 중에 이루어진다. 뉴런을 만들어내는 단백질이나 복잡한 세포의 형태를 유지하고 에너지를 조달하기 위한 효소들의 작용은, 사실 그 대부분이 글리아 세포의 물질 공급에 의지한다. 뉴런이 전기적으로 활발하게 작동하는 낮의 각성 상태에서는 글리아 세포로부터의 공급이 이루어지지 않으며, 뉴런이 전기적으로 진정된 수면 시에만 물질의 효율적인 수송이 가능해진다.

또한 합성된 단백질은 모두 세포 내의 소포체^{endoplasmic} ^{reticulum}라는 곳에 적절히 배치됨으로써 작동하는데, 수면이 부족하면 소포체의 활동이 원활하지 않아 단백질이 제대로 자리를 잡지 못한다. 그 결과 '불량 단백질'이 쌓여 정상적인 뇌 기능을 저해하고 기억이나 사고의 기능을 방해하게 된다.

한편 글리아 세포에 의해 이루어지는 뇌 내 노폐물 배출도 야간 수면 시에 활성화한다는 사실이 알려져 있다. 이 시스템이 작동하지 않으면 뇌 내에는 오래되고 비정상적인 불량 단백질이 쉽게 응집·축적되며, 특히 아밀로이드-베타Amyloid-β나 타우 단백질tau protein의 축적은 알츠하이머병의 직접적인 위험 인자로 작용한다.

이러한 열화 단백질 등의 노폐물 축적은 마이크로글리아microglia라는 면역계의 글리아 세포를 자극해 만성 염증의 원인으로 작용하고, 때로는 뉴런의 세포사를 촉진하기도 한다.

뇌를 유지하고 보수하는 글리아 세포를 제대로 작동시키기 위해서는 수면이 반드시 필요하다. 충분한 수면을 취한 다음에는 무의식중에 축적된 기억이 의식 위로 떠오를 가능성이 매우 높고, 뇌 또한 유지 및 보수가 완료되어 가장 원활하게 작동하는 상태가 되어 있다. 이른 아침, 눈을 뜬 직후야말로 뇌를 광범위하게 활용함으로써 직관을 이끌어낼 절호의 기회다.

수면의 질에 집착하지 말자

이만큼이나 중요한 수면이지만, 오랫동안 우리 사회에 수면을 경시하는 풍조가 만연했던 것도 사실이다. "자는 시간이 아깝다", "잠을 줄여가며 일하는 것이 미덕" 같은 말들도 과거에는 당연하게 여겨졌다. 그러다 최근 들어 수면의 중요성이 제대로 인식되기 시작했지만, 이제는 "자고 싶은데 잠이 안 온다"거나 "아무리 애써도 충분한 수면을 취할 수 없다"며 불면증을 호소하는 사람들이 많아졌다.

아닌 게 아니라, 수면만큼 의식적으로 제어하기 어려운 건강법도 없을 것이다. '이제 자야지' 마음먹고 잠자리에 든다고 무조건 잠을 이룰 수 있다면 얼마나 좋겠는가. 하지만 불안한 것이나 신경 쓰이는 일이 있으면 그것이 머릿속을 빙글빙글 돌고, 컨디션이나 신체의 통증 등도 수면을 방해한다.

잠을 자다가 자꾸만 깨는 사람도 많을 것이다. 게다가, 애초에 밤에 일을 하는 이들도 많다. 그나마 일정한 규칙에 따라 일하고 쉬면 큰 문제가 없겠지만, 낮 근무와 야간 근무가 불규칙하게 이어질 경우엔 피곤한데도 잠을 이루지 못하거나 반대로 일하는 중에도 졸음을 참지 못하게 된다.

수면과 관련한 지침을 살피다 보면 수면의 질을 강조하는 내용이 자주 보인다. 물론 침실의 환경에 신경을 쓰고, 침구를 고민하고, 잠이 들 때까지의 시간을 잘 보내면 수면의 질은 나아질 수 있고, 가능하다면 그것이 가장 좋은 방법이기도 하다. 그러나 이상적인 환경을 준비하기란 쉽지 않다. 심지어 이러한 노력이 '양질의 수면'이 아니면 안 된다는 스트레스로 이어지는 경우도 있을 것이다.

수면의 질을 의학적으로 확인하려면 수면 중의 뇌파, 안구 운동, 심전도, 동맥혈의 산소 포화도 등을 측정해서 수면의 깊이와 수면 주기 등을 살펴보아야 한다. 상당한 수고가 들어가는 검사이며, 당연하게도 하룻밤 만에 한 사람의 수면 패턴을 온전히 파악할 수 있는 것도 아니다.

게다가 많은 피실험자를 모아 데이터를 얻기가 쉽지 않은 데다, 설령 피실험자들을 모집한다 해도 이후 10년, 20년이라는 시간을 두고 꾸준히 그 효과를 확인하기란 매우 어려울 것이다.

실제로 의학 논문에서 주로 사용되는 것은 '피츠버그 수면 질문표'라 불리는 설문 형식의 지표다. 그러나 우리는 자신의 수면 상태를 스스로 확실하게 평가하지 못한다. 이 설문의 경우, 잠들어 있던 시간임에도 '잠들지 않았다'고 판단하거나 반대로 수면 시간을 실제보다 길게 적어 내는 경우도 드물지 않다.

이처럼 수면의 '질'과 뇌의 기능에 관한 연구는 매우 까다로운 반면, 수면 '시간'과 인지 기능의 관계에 관해서는 비교적 많은 연구가 나와 있다.

그 연구들에 따르면, 수면 시간은 짧아도 너무 길어도 인지 기능의 저하와 관련된다. 이상적인 수면 시간은 7시간으로 그보다 너무 길거나 너무 짧은 수면은 인지 기능을 저하시킨다는 것이다.

그러나 수면의 질은 수치화하기가 어려워, 지금까지 정상인에 비해 인지 기능이 저하된 환자나 알츠하이머병 환자에게서 수면의 질 저하(입면 장애, 수면 주기 혼란 등)가 유의미하게 높은 빈도로 나타났다는 사실이 밝혀졌을 뿐이다. 다시 말해, 수면의 질 저하가 인지 기능 저하의 원인인지 그 결과인지는 확실히 알지 못한다는 뜻이다.

따라서 수면의 질을 높이려 노력하되 지나치게 집착하지 않는 태도를 추천하고 싶다. 가능하면 조용하고 어두운 방에서 눈을 감고 몸을 누이자. 시각 정보와 청각 정보, 신체의 근육에서 올라오는 심부감각이 사라지면 뇌는 매우 이완된 상태가 된다. 피곤한 상태라면 그렇게만 해도 잠이 들 것이고, 만약 잠이 오지 않더라도 뇌의 유지와 보수는 어느 정도 가능하다.

양질의 수면을 확보하기 위해 '빨리 자야 하는데'라고 생각하면 오히려 그것이 스트레스로 작용하여 수면을 방해하고 불필요한 불안감을 키우게 된다. 머리를 비우려고 아무리 노력해도 나쁜 일이 줄곧 꼬리에 꼬리를 물고 이어지는 경우도 있다.

그럴 때 우리가 할 일은 그저 눈을 감고 조용한 환경에 몸을 누이는 것이다. 그뿐이다. 반드시 양질의 수면이 아니어도 좋으니 가능하면 그 상태로 7시간 정도의 휴식을 확보하자.

초조함 없이 천천히 나아가기

지금까지 살펴보았듯 직관이라는 것은 오랜 기간의 경험에서 쌓인 기억 네트워크를 연결함으로써 얻어지기 때문에 발현되기까지 시간이 좀 걸린다고 생각하는 편이 좋다. 하지만 어떤 과제를 앞에 두고 그저 직관이 나타나기만을 기다리면 결국 아무런 판단도 내릴 수 없다. 그럴 땐 어떻게 하는 것이 좋을까?

'우유부단'의 사전적 정의를 찾아보면 다음과 같다. "어물어물 망설이기만 하고 결단성이 없음." 아마 '모호함', '결단력 없음', '망설임'으로도 바꿔 쓸 수 있을 것이다. 뜻만 놓고 보면 우유부단해서 좋을 것이 하나도 없고, 옛날로 치면 '패기 없는 인간'에 대한 설명처럼 여겨지기도 한다.

그러니 정말로 결단력이 넘치는 태도가 미덕이고 우유부단은 좋지 않은 걸까?

고백하자면 필자는 좀처럼 결정을 내리지 못하고 우물쭈물하는 경우가 많아 결단력 있는 사람을 늘 부러워했다. 그러나 지금 돌이켜보면 이 우유부단함이 장점으로 작용한 경우도 많지 않았나 싶다.

단칼에 결정을 내리는 것이야말로 집중계만 사용한 판단이며, 따라서 그다지 바람직하지 않은 판단이 될 가능성이 있다. 분산계를 전혀 사용하지 않은 결정의 위험성은 앞에서도 여러 차례 살펴보았다.

"빨리 답을 알고 싶다", "빨리 결정해야 한다"라는 현재 의식(顯在)이 강하면 정동에 기반한 판단을 내리게 되고, 이는 뛰어난 의사 결정으로 이어질 수 없다. 분산계에 의해 천천히 형성되어야 할 직관에 대해 '빨리빨리' 의식이 작용하다 보니 뇌를 광범위하게 사용할 수 없어 위험한 판단을 내리게 되는 것이다. 결정하기 전에는 가능한 한 분산계를 활성화하는 것이 좋다.

우유부단의 이점을 보여주는 사례로, 쿠바 위기 당시 존 F. 케네디 대통령의 고뇌를 꼽아보고자 한다. 냉전이 한창이던 1962년 쿠바에 소련의 핵미사일 기지가 건설되고 있다는 사실이 밝혀지면서 미국이 커다란 동요 속에 대응했던 13일간의 사건이다.

케네디의 참모들은 선제공격으로 쿠바의 핵 기지를 파

괴하자고 주장했고 소련의 니키타 흐루쇼프 서기장은 고압적인 태도를 굽히지 않았다. 미국 국민을 구하기 위해서 무력을 행사하는 방법밖에 없는 걸까? 케네디 대통령은 깊은 고민에 빠졌다.

그런데 이렇게 급박한 상황에서도 그는 평소의 일상을 그대로 유지했다. 외교 수완을 발휘하려고 노력하면서도 일요일에는 언제나 그랬듯 교회 예배에 참석했다. 대통령 집무실을 나와 환경을 바꾸고 해당 문제와 직접적인 관계가 없는 사람들과 대화를 나누며 '쿠바 공중폭격'이라는 선택지가 자신의 의미 기억 네트워크에 무리 없이 반영될 만한 것인지 아슬아슬한 확인 작업을 이어간 것이다.

그리고 대답은 "아니오"였다. 케네디는 소련을 겨냥해 튀르키예에 배치했던 미사일 철거를 결단한다. 사실 흐루쇼프도 핵 공격이 무엇을 초래할지에 대해서는 충분히 이해하고 있었기에 쿠바에서 핵미사일을 철거하며 미국의 결단에 응답했고, 그로써 제3차 세계대전 발발이라는 최악의 상황을 피할 수 있었다.

만약 케네디가 '쿠바에 소련의 핵미사일 기지 발견'이라는 소식이 불러일으킨 공포의 정동, 그리고 정치권과 군부로부터 일어난 선제공격파의 의견에 휩쓸려 집중계가 주도하는 빠른 결단을 내렸다면 어떻게 되었을까? 아마 지금 우리가 보는 세계의 풍경은 전혀 달라져 있을 것이다.

중요한 일을 결정할 때는 결정하기까지 가능한 범위에서 충분히 시간을 쓰고, 생각을 정한 뒤에도 잠시 자신의 마음속에 위화감이 생겨나지 않는지 확인해야 한다. 때로 우유부단하다거나 뒷전으로 미룬다는 비판을 받을 수 있겠지만, 그런 평가에는 신경 쓰지 말자. 시간을 보내며 분산계를 작동시키고 그 결단을 자신이 축적한 풍부한 의미 기억과 대조해봤을 때 모순이 없음을 확인하는 것이 무엇보다 중요하다.

언뜻 우유부단해 보이는 태도야말로 생각지 못한 방식으로 기억들을 연결하고 창조성을 불러일으킬 수 있다는 점을 반드시 기억해두자.

KEY POINT

- 나이가 들수록 경험을 통해 축적한 기억 네트워크가 풍부해지기 때문에 직관을 발휘하는 데 유리하다.

- 평소에 스스로 "왜?"라는 질문을 던지고 타인과 대화를 나누며 새로운 관점을 경험하는 등 뇌 내 네트워크가 활성화될 수 있도록 꾸준한 훈련을 해야 한다.

- 훌륭한 예술 작품을 감상하거나 좋은 향기를 맡는 것, 산책, 운동 등 오감을 자극하는 활동이 직관을 높이는 데 효과적이다.

- 뇌과학적 관점에서 창조적인 일은 아침에 하는 것이 유리하며, 뇌 유지에 필요한 단백질 합성이 원활하게 이루어지도록 충분한 수면을 하는 것이 중요하다.

마치며

AI에 대체되지 않을 직관력을 키워라

스마트폰이 보급되고 AI가 발달함에 따라 인류의 지적 작업 방식이 달라지고 있다. 인터넷에 넘쳐나는 방대한 정보를 순식간에 검색하는 일이 가능해지고, 그 정보를 조합해 글과 소설, 회화까지 만들어낼 수 있게 되었다. 기술적 성장에 의해 AI가 인간의 지성을 뛰어넘는 순간이 가까워졌다는 이야기도 심심찮게 들린다. 지금껏 '지知'를 축적함으로써 인류 문화를 쌓아 올린 우리의 뇌가 앞으로도 그 발전에 이바지할 수 있을까?

AI의 시대이기에, 우리 인간 하나하나가 뇌를 어떻게 사용하는지는 더더욱 중요한 질문이 된다.

사실 필자는 이제까지 인류가 쌓아온 '지'의 발전에 있어 집중력의 중요성이 어느 정도는 과대평가되었다고 느낀다. 인간이 노동하며 살아가는 데 집중력이 매우 중요한 역할을 하는 것은 물론 사실이다. 그러나 지의 발전에서 커다란 역할을 한 것은 오히려 '집중하지 않는 힘'이었다. 그리고 앞으로 AI가 대두한 이후의 시대에는 '집중하지 않는 것', '마음의 여유를 가지는 것'이 지의 생산성을 더욱 높일 것이다.

무언가 만들어내고 창조하는 일을 하는 사람들은 이미 감각적으로 집중하지 않을 때야말로 무의식중에 뇌가 광범위하게 작동하여 새로운 발상을 떠올리게끔 한다는 사실을 이해하고 있는 것 같다.

한 유명한 작가는 에세이에서 이를 "머리 위에 구름이 있고, 아무것도 하지 않을 때 바로 그곳에서부터 아이디어가 발생하는 감각"이라는 말로 표현했다. 필자가 느끼고 있던 감각을 생각지도 못한 언어로 정확히 전달한 것에 감명을 받은 기억이 있다. 로봇공학자인 이시구로 히로시 石黒浩 교수도 "비행기나 전철 안에서 장소의 변화가 주는 자극에 뇌가 반응하며 아이디어가 떠오른다", "스스로 제어할 수 없는 외부로부터 유입되는 자극이 제일이다"라고 이야기한 바 있다.

발상을 얻으려면 반드시 여유와 편안함을 주는 '집중하지 않는 시간'이 필요하다. 바로 그 순간 무의식중에 풍부하게 축적된 경험지를 이어주는 분산계 네트워크가 작동하기 시작하기 때문이다. 그리하여 이 책에서는 효과적으로 분산계를 작동시키기 위해 개인 차원에서 실천할 수 있는 방법들을 이야기해왔다.

그중에서도 특히 지각(오감)을 자극하는 방법의 효과에 관해서는 많은 페이지를 할애했다. 인간의 뇌는 신체의 일부이며, 그것야말로 스마트폰이나 AI와의 결정적인 차이이기 때문이다.

뇌는 오감을 받아들이고, 그에 반응해 하나의 유기체로 작동하며, 어떻게 신체를 움직이면 좋은지를 연마하기 위해 진화해왔다. 여기서는 그중에서도 본문에 그리 많이 언급하지 않은 '미각'에 관해서 한 번 더 강조하고자 한다.

미각의 중추는 전두엽과 측두엽의 경계에 자리한 도회

라는 부위이지만, 도회만으로 미각이 생기는 것은 아니다. 총 다섯 종류에 이르는 각각 뇌의 여러 다른 부위를 자극한다. 무엇이 맛있다고 느끼면 보상계가 자극을 받아 직접적인 기쁨을 불러일으키고, 이에 뇌가 광범위하게 활성화되는 것이다.

또 미각은 인간의 가장 근원적인 운동 기능, 즉 입속에 있는 음식물을 삼키는 일을 하는 연하嚥下와도 연결되어 있다. 연하 운동에는 신체의 움직임과 지각을 관장하는 대뇌 피질 외에 전두전야 안와면, 도회, 시상, 대뇌 기저핵, 소뇌, 뇌간과 같은 광범한 뇌 부위가 관여하며, 미각 자극은 각각 서로 다른 연하 중추를 자극해 해당 부위의 혈류를 증가시킨다.

한마디로, 다양한 식재료를 활용하여 균형 잡힌 식사를 하는 것은 영양 측면만이 아니라 뇌를 광범위하게 활성화한다는 점에서도 훌륭한 생활 습관이라 할 수 있다. 미각은 기쁨의 회로를 자극할 뿐 아니라 연하 운동을 관장하는 뇌 부위를 활성화함으로써 직관을 이끌어낸다. 맛을 충분히 음미하기 위해서는 여유를 갖고 편안하게 식사하는 습관이 필요하다.

 마지막으로 강조하고 싶은 것은 스마트폰 액정에서 떨어져 오감을 자극하는 책과 마주하자는 것이다. 화면 속의 정보는 자세히 살펴볼 수 없고, 냄새를 맡을 수 없으며, 만질 수도 없다. 즉 오감을 자극하지 않는다. 특히 스마트폰의 작은 화면은 집중력을 강요하기 때문에 직관에 필요한 분산계가 억제되고 만다.

 기술과 문화는 인간을 위해 존재한다. 살아 있는 신체를 갖지 않는 AI가 아무리 발달하더라도 인간을 기쁘게 하는 '지'를 만들어내기란 불가능할 것이다. 우리가 우리 자신의 오감을 소중히 여기며 매일을 살아갈수록 활성화하는 뇌 부위는 점점 더 분산되고 각 부위의 능력 또한 더욱 향상된다. 기술과 문화의 방향성을 결정하고 진화시키는 것은 역시 인간의 뇌다.

 무의식중에 커다란 기능을 하는 인간의 뇌는 우리가 알고 있는 세상보다 훨씬 앞서 있다. 각자가 AI를 믿음직한 조력자로 활용하면서 인간 신체의 주인인 뇌를 능숙하게 사용하기를, 그로써 많은 이들이 기쁨 넘치는 미래를 보내길 기대해본다.

옮긴이 류두진

서울외국어대학원대학교 통역번역대학원 한일과를 졸업했다. 바른번역 아카데미에서 일어 출판번역 과정 수료 후 소속 번역가로 활동 중이다. 옮긴 책으로는 『시간 최단화 성과 최대화의 법칙』, 『손목시계의 교양』, 『세상에서 가장 쉬운 테크놀로지 수업』, 『잡담의 힘』, 『클린』, 『아마존처럼 회의하라』, 『모빌리티 3.0』, 『리더는 칭찬하지 않는다』, 『아마존 뱅크가 온다』, 『테크놀로지 지정학』, 『2022 누가 자동차 산업을 지배하는가?』, 『아마존 미래전략 2022』, 『반응하지 않는 연습』, 『3색 볼펜 읽기 공부법』, 『7번 읽기 공부법』 등이 있다.

직관의 폭발

초판 1쇄 발행 2024년 12월 23일

지은이 이와다테 야스오　**옮긴이** 류두진

발행인 이봉주　**단행본사업본부장** 신동해
편집장 김예원　**책임편집** 김다혜
디자인 최희종　**교정** 홍상희
마케팅 최혜진 이은미
국제업무 김은정 김지민　**제작** 정석훈

브랜드 웅진지식하우스
주소 경기도 파주시 회동길 20
문의전화 031-956-7357(편집) 02-3670-1123(마케팅)
홈페이지 www.wjbooks.co.kr
인스타그램 www.instagram.com/woongjin_readers
페이스북 www.facebook.com/woongjinreaders
블로그 blog.naver.com/wj_booking

발행처 ㈜웅진씽크빅
출판신고 1980년 3월 29일 제406-2007-000046호

한국어판 출판권 ⓒ웅진씽크빅, 2024
ISBN 978-89-01-29130-7 (03400)

- 웅진지식하우스는 ㈜웅진씽크빅 단행본사업본부의 브랜드입니다.
- 이 책은 저작권법에 의해 한국 내에서 보호를 받는 저작물이므로 무단 전재와 무단 복제를 금합니다.
- 책 내용의 전부 또는 일부를 이용하려면 반드시 저작권자와 ㈜웅진씽크빅의 서면 동의를 받아야 합니다.
- 잘못된 책은 구입하신 곳에서 바꾸어 드립니다.